Dundes · Sie mich auch!

Alan Dundes

Sie mich auch!

Das Hinter-Gründige
in der deutschen Psyche

Beltz Verlag · Weinheim und Basel 1985

Titel der Originalausgabe:
Life is like a chicken coop ladder.
A portrait of german culture through Folklore
Columbia University Press New York
Aus dem Amerikanischen übersetzt von
Aurel Ende

© 1985 Beltz Verlag · Weinheim und Basel
Lektorat: Heiko Ernst
Satz: Filmsatz Unger, 6940 Weinheim
Druck und buchbinderische Verarbeitung:
Beltz Offsetdruck, 6944 Hemsbach
über Weinheim
Umschlaggestaltung: Horst Bachmann
Printed in Germany

ISBN 3 407 85053 0

Inhaltsverzeichnis

Vorwort

Eine frühere Version dieses Essays wurde im Oktober 1980 der *American Folklore Society* auf ihrem Jahreskongreß in Pittsburgh als Präsidialansprache vorgestellt. Die allgemeine Reaktion war bestenfalls lauwarm. Kommentare, die mir indirekt zugetragen wurden, reichten von „Nach dem Dinner unangebracht" über „Zu lang" bis „Eine Beleidigung von Mitgliedern der *Society* mit deutsch-amerikanischer Herkunft".

Unmittelbar vor der Ansprache erhob sich eine Gruppe von in Deutschland geborenen Mitgliedern der *Society*, die in vorderster Reihe saß und um die Art des Themas wußte, und drapierte meine Schultern mit Toilettenpapier. Zu Beginn der Vorlesung war die deutsche Gruppe guter Dinge und voller Humor, schien die Rede völlig zu genießen und lachte bei den verschiedenen Beispielen aus der Folklore laut und häufig. Im weiteren Verlauf der Argumentation, und als Themen wie Auschwitz erörtert wurden, gab es weniger Gelächter. Am Schluß waren einige der Deutschen dermaßen zornig, daß sie unfähig waren zu sprechen.

Im April 1982 hatte ich in Berlin auf einer Tagung, die den Beziehungen zwischen Volkskunde und Völkerkunde gewidmet war, die Möglichkeit, eine gekürzte Fassung der Arbeit vorzustellen. Die Reaktion in Deutschland war positiver als die meiner amerikanischen Kollegen. Ältere Wissenschaftler (zumeist Deutsche) mögen meine Argumentation nicht akzeptiert haben, sie waren aber zu höflich, es auszusprechen. Die allgemeine Meinung (die mir von einem hilfreichen Kollegen berichtet wurde) lief darauf hinaus, daß sie die Thematik bereits kannten, meine These aber aus dem Grund ablehnten, daß es so etwas wie Nationalcharakter nicht gäbe. Jüngere Wissenschaftler und die wenigen Studenten, die an der Tagung teilnahmen, waren empfänglicher und lieferten mir zahlreiche zusätzliche Beispiele zur Stützung meiner Folgerungen. Ein sensibler junger Wissenschaftler aus Tübingen sagte mir privat: „Als ich Ihr *abstract* las, war ich zuerst sehr wütend. Dann

7

fragte ich mich, warum ich so wütend war. Irgendetwas muß schließlich an Ihrer These sein, um eine so starke Reaktion hervorzurufen."

Aus dem bisher Beschriebenen sollte ersichtlich sein, daß sich diese Untersuchung für einige Leser als Ärgernis herausstellen könnte. Sogar Kollegen, die für meine Forschung empfänglich sind, waren immer schnell mit einem Witz zur Hand. Einer nannte es eine „turd de force" (turd = Kot(haufen); der Übers.) während ein anderer darauf drang, künftig die Leser zu warnen, daß „jeder mit auch nur geringem Interesse am Thema mit Sicherheit Anstoß daran nehmen wird!" Die Reaktion eines dritten Wissenschaftlers (aus England) bestand einfach darin, daß er „es vorgezogen hätte, einige Dinge nicht zu wissen." Es ist immer schwierig, ein tabuisiertes Thema zu untersuchen, ohne Gefahr zu laufen, Emotionen und Widerstand hervorzurufen. Volkskundler, die sich mit Balladen beschäftigen, sind mit dem stilistischen Begriff der „Zuwachswiederholung" *(incremental repetition)* vertraut, bei dem jedesmal Zeilen mit einem geringen Zuwachs oder Zusatz wiederholt werden. Von dem vorliegenden Essay könnte man sagen, er habe eine vergleichbare Technik eingeführt, die man vielleicht „Exkrement-Wiederholung" nennen konnte (Anm. d. Übers.; Wortspiel: increment = Zuwachs). Doch um die vorgeschlagene These zu stützten (und auch im Interesse der *ars poetica*) sind solche Wiederholungen wahrscheinlich unvermeidlich.

Trotz der mir widerfahrenen Schwierigkeiten bin ich weiterhin davon überzeugt, daß das Problem des Nationalcharakters wichtig ist, und daß jeder Versuch, das Konzept zu klären, der Mühe wert ist. Ich habe mir die in dieser Untersuchung zitierte Folklore nicht ausgedacht. Die große Mehrzahl stand ohne weiteres in publizierten Niederschriften zur Verfügung. Die Tatsache, daß bisher niemand das Thema als Forschungsgegenstand wählte, sagt mehr über akademische Sitten als über die Legitimität des Themas aus.

Ich bin Volkskundler und daran interessiert zu zeigen, wie Folklore* analysiert werden kann, um Denkmuster und Weltanschauungen sichtbar werden zu lassen. Ich sollte betonen, daß ich die deutsche Sprache und Kultur nicht studiert habe. Ich habe deshalb beschlossen, in der amerikanischen Ausgabe dieses Buches viele der zitierten Texte im ursprünglichen Deutsch wiederzugeben, einschließlich der Dialektschreibweisen und dergleichen. Die poetischen Qualitäten der Reime und die Cleverness vieler Wortspielereien gehen allerdings in der prosaischen englischen Übersetzung unweigerlich verloren.

Besonders erwähnen möchte ich meine Schuld gegenüber Dieter Rollfinkes interessanter unveröffentlichter Dissertation von 1977: „Menschliche Natur: A Study of Scatology in Modern German Literature". Seine tiefgehende Analyse von Wilhelm Busch, Friedrich Dürrenmatt und Siegfried Lenz, sowie weiterer literarischer Bezüge auf Jakob Lind und Thomas Mann fand ich hilf-und aufschlußreich.

Viele Kollegen, Freunde und Studenten haben mir großzügig ihre Hilfe angeboten, sowohl beim Lokalisieren des relevanten Materials als auch bei der Lösung der Übersetzungsprobleme. Einige Folklorebeispiele, die aus nicht-gedruckten Quellen zitiert sind, stammen von einigen der unten aufgeführten Personen. Ich möchte ihnen und all jenen danken, die ihre Sachkenntnis mit mir teilten, einschließlich Reinhold Aman, Florence Baer, Gunther Barth, Burton Benedict, Marianne Birnbaum, Stanley Brandes, Lisa Brinner, Felicia Browne, Pack Carnes, Elke Dettmar, James Dow, Alide Eberhard, John Fetzer, Henry Gibbons, Nelson Graburn, Gene Hammel, Wayland Hand, Thomas Hauschild, Daniel Heartz, Ulla Johansen, Reinhard Jonas, Elliot Klein, Dorothy Koenig, Stanley Kurtz, Cornelia Levine, John Lindow, Uli Linke, Cinna Lomnitz, Leo Lowenthal, Suzanne Hoppmen-Lowenthal, James Monroe, Wolfgang Mieder, Rodney Needham, Wendy O'Flaherty, Elliott Oring, Bernd Ostendorf, Paul Rabinow, Ingrid Radke, Lutz Röhrich, Dieter Rollfinke, Hans Ruelf, Elisabeth Schäfer-Wünsche, Eleonore Schamschula, Felix Scherwinsky, Eli Sobel, Margaret Sparing, Marcelo Suarez-Orozco, Robert Theodoratus, Barre Toelken, Renate Vollmer, Don Ward, Ralph Wilcoxen und Vera v. Wühlisch.

---

* Folklore, engl. „Wissen des Volkes", bezeichnet zunächst die mündliche Volksüberlieferung, im weiteren Sinne auch die gesamte volkstümliche Überlieferung. Außerhalb Deutschlands ist Folklore vielfach auch die Beschäftigung mit diesen Gegenständen. In diesem Buch wird der Begriff in beiden Bedeutungen benutzt.

Keiner dieser Menschen sollte für Irrtümer, die ich gemacht haben könnte oder für meine Analyse des Materials, das sie mir besorgt haben, verantwortlich gemacht werden. Ich bin mir bewußt, daß einige von ihnen von dem ganzen Projekt auffallend peinlich berührt waren und weiß daher ihre Freundlichkeit umso mehr zu schätzen.

Besonderen Dank schulde ich Professor Howard Stein, dem Herausgeber des *Journal of Psychoanalytic Anthropology*, für eine Veröffentlichung einer früheren Version dieser Arbeit 1981 in dieser Zeitschrift. Ein Grund für meine Dankbarkeit besteht darin, daß der Herausgeber der Monographien-Reihe der *American Folklore Society* es vorzog, die Arbeit nicht für eine mögliche Veröffentlichung in Erwägung zu ziehen und dies beschloß, ohne sich auch nur die Mühe zu machen, sie zwecks einer formalen Rezension zu verschicken.

Charles Webel, der frühere Herausgeber der sozialwissenschaftlichen Reihe der *Columbia University Press,* erwies sich als von Anfang an enthusiastisch und hilfreich bei der Umwandlung des Manuskripts in ein Buch.

Meine aufrichtige Hoffnung ist, daß jeder, der sich die Mühe macht, diesen Essay zu lesen, ein überzeugendes Beispiel eines Konzepts des Nationalcharakters finden wird. Das gleiche gilt für die methodologischen Vorteile des Gebrauchs von Folklore zur Skizzierung des Wesens des Charakters bestimmter Nationen. Mein eigenes Verständnis von Deutschland und deutschsprachigen Menschen ist durch das zusammengestellte Material dieser Untersuchung unwiderruflich verändert worden.

Aus Gründen, die dem Leser später klarer werden, möchte ich die Untersuchung meinem Urgroßvater Anselm Rothschild aus Heldenberger (in der Nähe von Frankfurt a. M.) widmen, der am 22. Januar 1834 geboren wurde, 1852 in die Vereinigten Staaten kam und am 31. Oktober 1902 in New York City starb.

Alan Dundes

Jede Nation hat eine besondere Reihe
von Verhaltensweisen, und man trifft
auf einige bestimmte Qualitäten bei
einem Volk häufiger als bei seinen
Nachbarn.

David Hume,
„Of National Characters" 1748

Ich beabsichtige, eine fundamentale Frage zu erörtern – und ich glaube, daß die Antwort buchstäblich auf ein Fundament verweisen wird. Die Frage lautet: In welchem Umfang, wenn überhaupt, spiegelt die Folklore einer bestimmten Gruppe den besonderen Charakter dieser Gruppe wider. Herder behauptete, daß die Seele eines Volkes ihren Ausdruck in seinen Volksliedern findet, und andere folgten mit ähnlichen Behauptungen (Ergang 1931: 198; Clark 1969: 249). Doch findet man trotz einer riesigen Zahl von Schriften, die dem Nationalcharakter gewidmet sind, nur wenige überzeugende Beispiele für die Behauptung, daß Folklore ein unzweideutiges Selbstporträt eines Volkes darstellt. Folkloristen neigten dazu, dieser Vorstellung entweder einen bloßen Lippendienst zu erweisen oder die Behauptung aus ideologischen Gründen unkritisch zurückzuweisen.

Da sich ein großer Teil von Folklore nicht auf eine einzelne Volksgruppe beschränkt, schien es aussichtslos oder zumindest schwierig zu dokumentieren, daß die Folklore einer Gruppe erstens einzigartig oder ausschließlich Eigentum dieser Gruppe war und zweitens, daß die Folklore dieser Gruppe Anhaltspunkte für die Persönlichkeitszüge dieser Gruppe aufwies. Franz Boas, zum Beispiel, veröffentlichte 1935 seine Monographie *Kwakiutl Culture as Reflected in Mythology,* in der er nicht nur eine ethnographische Darstellung der Kwakiutl aus mythologischen Texten zusammentrug, sondern er verglich auch die Erscheinungsbilder der Tsimshian und der Kwakiutl, zweier Indianervölker der pazifischen Nordwestküste, auf der Grundlage ihrer Folklore. Die Arbeit repräsentierte die kulturreflektorische Betrachtungsweise der Folklore, und Boas' Vergleich dieser beiden Völker lag die Vorstellung einer unterschiedlichen Gruppenidentität zugrunde, oder, mit anderen Worten, eines „Nationalcharakters". Doch im ganzen gesehen neigte Boas' Methode der Analyse eher zu einer einfachen Extrapolation ethnographischer Details — wie Verwandtschaftsverhältnissen, Techniken zur Sicherung des Lebensunterhalts etc. — als eine Kwakiutl- oder Tsimshianpersönlichkeitsstruktur zu definieren.

Der schwedische Volkskundler von Sydow argumentierte ähnlich zugunsten einer Identifizierung von Oicotypen (1948: 44 – 59), das heißt, lokalen oder regionalen Varianten von Folklore verschiedener kultureller Herkunft. Von Sydow entlehnte den Begriff Oicotype der Botanik, wo er die genetische Erscheinungsform einer Pflanze bezeichnete, die sich durch natürliche Auslese einer bestimmten Umwelt (z. B. Meeresküste, Berglandschaft) angepaßt hatte und sich dadurch um einiges von anderen Mitgliedern der gleichen Spezies unterschied. In der Volkskunde bezieht sich der Begriff auf lokale Formen einer Legende, eines Volksliedes oder anderer Formen der Volkskunde, wobei lokal im Hinblick auf entweder geographische oder kulturelle Faktoren definiert wird. Oicotypen kann es auf dörflicher, staatlicher, regionaler oder nationaler Ebene geben. Daher kann man mit Recht von einem möglichen schwedischen oder dänischen Oicotyp einer bestimmten europäischen Ballade oder Sage reden. Falls man den schwedischen Oicotyp einer internationalen Volkssage identifiziert hat, könnte man vermutlich auf spezifisch schwedische Erscheinungsformen hinweisen, welche die Sage deutlich von verschiedenen Versionen der gleichen Sage aus anderen Gebieten abhebt. Doch sucht man vergeblich nach überzeugenden Beispielen für die Oicotypen-Theorie. Dies ist bedauerlich, da das Konzept des Oicotyps ein größeres theoretisches Konstrukt der Volkskunde ist, obgleich es zugegebenermaßen außerhalb der Folklore-Forschung nicht sehr bekannt ist. Auch wenn Oicotypen eingegrenzt oder identifiziert würden, bliebe die Frage, ob Volkskundler sie psychologisch als Reflektionen von Persönlichkeitsmustern interpretieren würden.

Es stimmt, daß Anthropologen, im Gegensatz zu Folkloristen, häufig dazu neigen, die von ihnen in Feldforschung zusammengetragene Folklore als einzigartiges Material zu erachten, das die Werte der betreffenden Kultur enthüllt, doch meistens basiert diese naive Ansicht auf einem Mangel an vergleichbarem Wissen über die Folklore. Wenn man den gleichen Typus einer Erzählung bei mehr als hundert Indianervölkern entdeckt, ist man dann berechtigt zu behaupten, daß diese Erzählung spezielle Tsimshian- oder Kwakiutcharakteristiken reflektiert? Ich würde dies nicht sagen, ohne mir zuerst die gleiche Erzählung aus allen Kulturen, in denen sie entdeckt wurde, anzuschauen. Mit anderen Worten: Die vergleichende Methode ist für die Identifizierung von kulturell bedingten Oicotypen von entscheidender Bedeutung. Historisch war das Problem, daß Anthropologen versucht haben etwas zu beschreiben, von dem sie behaupteten, es seien kulturell bedingte Erscheinungsformen, ohne die notwendigen (und vorhandenen) Vergleichsdaten heranzuziehen. Dagegen verfügen die Volkskundler über umfangreiche vergleichende Untersuchungen individueller Bräuche, Volkssagen und ähnlichem Material, ohne zu versuchen, die Variationen und Abweichungen zu möglichen besonderen nationalen Neigungen oder Vorlieben in Beziehung zu setzen. Ein Subtypus einer Erzählung kann häufig in verschiedenen Kulturen entdeckt werden, und es kann daher schwierig sein, seine Erscheinungsformen mit nur einem kulturellen Kontext in Übereinstimmung zu bringen. Aus diesem Grund erweist sich das Konzept des Oicotyps als brauchbarer für die Untersuchung des Nationalcharakters als der des Subtypus'.

Am Anfang sollte vielleicht erwähnt werden, daß das Konzept des Nationalcharakters selbst etwas fragwürdig ist. Gibt es in Wirklichkeit so etwas wie einen Nationalcharakter? Oder ist er einfach eine Erfindung? Ob er nun existiert oder nicht, fraglos ist es so, daß das Konzept bei europäischen Volkskundlern geringes Ansehen genießt. Für viele europäische Wissenschaftler bleibt die Vorstellung eines Nationalcharakters oder Volkscharakters (oder einer Volksseele, eines Volksgeistes) unauslöschlich mit den konzentrierten Anstrengungen Nazi-Deutschlandes verbunden, die Folklore als „Beweis" für die rassischen Vorurteile zu benutzen (vgl. Kamenetsky 1972, 1977). Aus diesem Grund enthalten sie sich jeden Versuchs, einen sogenannten Nationalcharakter zu untersuchen. Doch ist dies eine intellektuell unhaltbare Position. Der Mißbrauch eines Konzepts sollte keine ernsthafte Untersuchung dieses Konzepts ausschließen. Die Frage, ob es etwas wie den Nationalcharakter gibt oder nicht, und falls es einen gibt, ob er durch eine Analyse der Folklore entdeckt werden kann oder nicht, ist ein legitimer Untersuchungsgegenstand. Dem Thema des Nationalcharakters ist eine enorme Fülle von Literatur gewidmet, und ich werde hier nicht versuchen, sie darzustellen. Als wissenschaftlich repräsentative Beispiele siehe: Hertz 1925; Ginsberg 1942; Barker 1948; Farber 1950; Mead 1951; Brodersen 1957; Wiesbrock 1957; Nett 1958; Duijker und Frijda 1960; Maas 1960; Martindale 1967; Inkeles und Levinson 1969; Terhune 1970; Lynn 1971; Hayman 1971 – 1972; Favezza 1974; bezügl. des Versuchs eines Volkskundlers, das Konzept der Nationalität zu definieren, siehe van Gennep 1922.) Es sei hier nur gesagt, daß ich nicht glaube, daß der Nationalcharakter biologischer oder rassischer Natur ist. Auch glaube ich nicht, daß er geographisch oder klimatisch bedingt ist. Meiner Ansicht nach ist der Nationalcharakter eine Anhäufung spezifischer Persönlichkeitszüge, die empirisch identifiziert werden können. Der nationale (oder ethnische) Charakter eines Volkes reflektiert sich in seinen projektiven Materialien und beinhaltet Kunst, Musik, Literatur, Küche, Medizin usw. Eigenschaften und Motive können in solch projektivem Material empirisch beobachtet werden. Es geht nicht darum, daß ein Forscher die Existenz einer oder mehrerer Eigenschaften postuliert, mit der sich die Psyche eines bestimmten Volkes beschreiben ließe. Die Prämisse besteht vielmehr darin, daß eine bestimmte Eigenschaft oder ein Charakterzug bereits in der Folklore dieses Volkes dokumentiert ist. Also müssen wir nur den Inhalt der Folklore eines Volkes untersuchen, um Zugang zu möglichen Mustern von Persönlichkeitszügen zu erlangen. Die Charakterzüge können positiv oder negativ beurteilt werden. Ihre Bewertung ist eine relative Angelegenheit. Sparsamkeit kann als bewundernswert angesehen werden; Knauserigkeit als beklagenswert, doch kann ein und derselbe Persönlichkeitszug in beiden Werturteilen involviert sein. Der springende Punkt ist: *Wenn* ein bestimmtes Volk eine besondere Konstellation von Persönlichkeitsbezügen aufweist, drücken sich diese Züge wahrscheinlich in einer Vielzahl von kulturellen Manifestationen aus. In den Begrif-

14

fen der Volkskunde können sich diese Eigenschaften artikulieren in Dialekten, Sprichwörtern, Rätseln, Witzen, Spielen und Volksliedern, also in einer großen Zahl folkloristischer Genres.

Ein Vorteil bei der Benutzung folkloristischen Materials für die Untersuchung des Nationalcharakters besteht darin, daß die Materialien bereits existieren, bevor der Forscher mit seiner Untersuchung beginnt. Allzu häufig sind Sozialwissenschaftler von fabrizierten Antworten auf ihre Fragebögen abhängig – die dazu noch häufig von Fragen wimmeln, die auf *a priori*-Annahmen des Forschers basieren. Die in diesem Essay berücksichtigte Folklore wurde nicht erst auf die Frage hin produziert, was der deutsche Nationalcharakter sei. Nichtsdestoweniger ist klar, daß die deutsche Folklore zahlreiche Hinweise auf Facetten des deutschen Charakters enthält. Auch durch die Untersuchung von Materialien aus verschiedenen Epochen deutscher Geschichte könnte man demonstrieren, daß diese Facetten im Laufe der Zeit bemerkenswert stabil geblieben sind. Es wäre ein größeres Unternehmen, jede einzelne Erscheinungsform des Nationalcharakters eines jeden Volkes zu beschreiben. Das Ziel im vorliegenden Fall ist weit bescheidener. Die gleichen Techniken, die angewandt werden, um individuelle Charakterzüge zu identifizieren, könnten jedoch sicherlich auch benutzt werden, um weitere Eigenschaften der Deutschen, wie auch jeder anderen Gruppe aufzudecken. Jede Volksgruppe, die sich historisch und gesellschaftlich herausgebildet hat, weist gemeinsame Persönlichkeitsmerkmale auf. Diese Erscheinungsformen drücken den kollektiven Charakter der zu untersuchenden Gruppe aus. Die Folklore enthält einzigartiges Quellenmaterial für die Untersuchung der Erscheinungsformen des Nationalcharakters.

Die Nutzung der Folklore hilft dabei, ein sehr ärgerliches methodologisches Problem zu lösen. Es geht um die entscheidende Frage, wie sich nationale Charaktereigenschaften aus ethnographischem Material extrapolieren lassen. Wie sammelt man die zu untersuchenden Daten, und wie lassen sich dann mögliche Nationalcharakteristiken bei der Untersuchung entdecken? Zugegebenermaßen neigt man immer dazu, tendenziell zu werden, wenn man sich eher auf einen Punkt des Materials stützt statt auf einen anderen. Ein ähnliches Risiko der Verzerrung besteht dann, wenn der Forscher aus dem vorliegenden Material einen bestimmten Gesichtspunkt einem anderen vorzieht. Es ist mein Ziel, die Gefahren solch subjektiver Tendenzen auf ein Minimum zu reduzieren, indem ich „unbearbeitete" folkloristische Materialien benutze, von denen ich überzeugt bin, daß sie eine relativ unverfälschte Beschreibung des Charakters eines Volkes bieten. Folklorematerial, sofern es unbearbeitet und unzensiert ist, stellt eine Art autobiographischer Ethnographie dar. Es bietet so die Möglichkeit, eine Kultur eher von innen nach außen zu betrachten. Wenn es Verfälschungen oder Verzerrungen im durch diese Folklore entstehenden Bild geben sollte, so sind sie wenigstens vom Volk selbst erzeugt worden und nicht durch den angeblich objektiven sozialwissenschaftlichen Außenstehenden. Dies ist kein geringer Vorteil.

Angenommen, daß ich in der Lage bin, anhand des verfügbaren deutschen Folkloremterials irgendwelche kennzeichnenden Erscheinungsformen des deutschen Nationalcharakters herauszuarbeiten, dann wäre ich der Erste, der zugäbe, daß ich nicht präzise sagen könnte, wann diese Erscheinungsformen zuerst auftraten. Die historische Reichweite des untersuchten Materials läßt nur vermuten, daß das hier dargestellte Muster seit einigen Jahrhunderten in den jetzt Deutschland genannten Gebieten existiert hat.

Es ist mein Ziel, die konfigurationale Natur des Nationalcharakters darzulegen. Ein Nationalcharakter existiert insofern, als daß man eine empirisch verifizierbare Anhäufung oder Kombination spezifischer Persönlichkeitseigenschaften, die einer bestimmten nationalen (oder ethnischen) Gruppe gemein sind, aufzeigen kann. Wenn solche Eigenschafts-Konfigurationen existieren, könnte man sinnvollerweise annehmen, daß sie von der Folklore der betreffenden Gruppe reflektiert werden.

Clyde Kluckhohn schrieb einmal (1962: 26), daß in gewisser Hinsicht jeder Mensch a) wie alle anderen Menschen, b) wie einige andere Menschen und c) wie kein anderer Mensch ist. Man ist versucht, den gleichen Satz auch auf Nationen anzuwenden. In gewisser Hinsicht ist a) jede Nation wie alle Nationen, b) wie einige andere Nationen und c) wie keine andere Nation. Es ist der dritte Aspekt, der unsere Analyse des deutschen Nationalcharakters leitet. Der Nationalcharakter sollte nicht mit dem Nationalstereotyp verwechselt werden. Die Existenz von nationalen Stereotypen ist absolut sicher; die Existenz des Nationalcharakters wird weiterhin diskutiert. Wir wissen, daß Völker und Nationen, Ansichten über sich selbst haben (Selbst-Stereotypen). Amerikaner haben Stereotypen über die Engländer, die Franzosen, die Deutschen usw., wie auch diese Völker über Stereotypen bezüglich der Amerikaner verfügen. Diese Stereotypen kann man in der Folklore (Witze, Sprichwörter, Volkslieder) finden, aber auch in Filmen, Karikaturen, Romanen und ähnlichem. Es ist möglich und vielleicht sogar wahrscheinlich, daß Stereotypen einen Kern Wahrheit enthalten.

Auf die schwierige Frage nach dem Ausmaß an Überschneidungen zwischen nationalen Stereotypen und dem Nationalcharakter möchte ich jedoch nicht eingehen. Ich möchte mich hier mehr damit befassen, anschaulich zu machen, daß ein Nationalcharakter existiert und daß seine Existenz unzweideutig durch die Folklore einer Nation dokumentiert wird. Wenn man mich dazu drängen würde, zwischen Nationalcharakter und Nationalstereotypen zu unterscheiden, würde ich vorschlagen, daß der Nationalcharakter zeigt, wie Menschen tatsächlich *sind,* wohingegen Nationalstereotypen zeigen, wie sie sich selbst und andere *wahrnehmen.* Dies wirft die Frage auf, ob wir jemals über die Wahrnehmung, das heißt die Stereotypen, hinauskommen, um zum tieferliegenden Nationalcharakter vorzustoßen. Es stimmt leider, daß sich viele Diskussionen über den Nationalcharakter nur als wenig mehr als ein Aufwärmen nationaler Stereotypen herausstellen.

Es ist merkwürdig, daß die zwei wichtigsten Einwände, die gegen frühere Versuche, den deutschen Nationalcharakter darzustellen, erhoben wurden, aus nicht-deutscher und innerdeutscher Perspektive vorgebracht wurden. Beschränken sich einerseits angeblich-deutsche Charakteristiken auf das eigentliche Deutschland, oder kann man sie gleichermaßen auch bei deutschsprachigen Völkern, sagen wir in Österreich und der Schweiz, entdecken? Sind diese Charakteristiken, was immer sie sein mögen, auch bei Völkern zu entdecken, die, wie die Holländer, in einer engeren historischen Beziehung zu den Deutschen stehen? Falls das so ist, wie kann man dann von einem „deutschen" Nationalcharakter spre-

17

chen? Der andere Einwand kommt von stolzen deutschen Regionalisten, die nicht ohne eine gewisse Berechtigung darauf bestehen, daß sich „Preußen" von Bayern unterscheiden, und daß der preußische Charakter nicht der gleiche ist wie der bayerische. Unbestritten gibt es deutsche regionale Volksstrukturen, jede mit ihrem eigenen Gefühl territorialer, kultureller und häufig auch mundartlicher Integrität (westfälisch, hessisch, schwäbisch etc.). Wenn auch dies so ist, wie kann man dann von einem deutschen Nationalcharakter sprechen?

Ich möchte mit Vorsicht behaupten, daß es Eigenschaften gibt – ich werde nur eine in Erwägung ziehen –, die allen deutschsprachigen Völkern gemein sind. Dies leugnet nicht die regionalen Unterschiede. Ebenso könnte man sinnvollerweise argumentieren, daß es Wesenszüge gibt, die allen Amerikanern gemein sind, und die ebenso die Existenz regionaler Unterschiede in amerikanischen Volkskulturen nicht leugnen. Daß solche gemeinsamen deutschen Charakteristiken bei anderen europäischen Völkern mit engen historischen und geographischen Beziehungen zu Deutschland verwandte Formen haben können, wäre nicht überraschend. Wenn also der holländische Nationalcharakter Wesenszüge mit dem deutschen Nationalcharakter teilte, käme dies nicht unerwartet. Entscheidend ist, daß die Deutschen nicht so sind wie die Franzosen, die Italiener, die Spanier, die Finnen etc. Und wenn man dies zugesteht, gesteht man auch die Möglichkeit zu, daß es so etwas wie den Nationalcharakter gibt. Robert Lowie faßte die Angelegenheit in *Toward Understanding Germany* kurz und bündig zusammen: „Keine Eigenschaft, keine Einstellung ist *die* deutsche Eigenschaft oder *die* Einstellung, es sei denn, sie wären pandeutsch und durch alle Zeiten beständig; und sie sind nicht spezifisch deutsch, es sei denn, man fände sie nur bei Deutschen" (1954: 354). Wenden wir uns jetzt einem hypothetischen deutschen Charaktermerkmal als Testfall zu.

In der deutschen Folklore findet man eine Unzahl von Texten, die sich mit der Analität beschäftigen. Scheiße, Dreck, Mist, Arsch und ähnliche Ausdrücke sind alltäglich. Volkslieder, Volkssagen, Sprichwörter, Rätsel, Mundart – alle bezeugen ein anhaltendes besonderes Interesse der Deutschen an diesem Gebiet menschlicher Aktivität. Ich behaupte nicht, daß andere Völker nicht auch ein gesundes Interesse an diesem Bereich zeigen, sondern vielmehr, daß die Deutschen von diesem Thema in Besitz genommen zu sein scheinen. Es geht also nicht so sehr um die Frage des *Unterschieds* als um die des *Ausmaßes*. Es würde viel zu weit führen, jeden deutschen idiomatischen Ausdruck – sei er wortwörtlich oder metaphorisch – der sich mit dem Akt der Defäkation beschäftigt, auszulisten. Ich werde einige repräsentative Beispiele dieser empirisch beobachtbaren Neigung in der deutschen Kultur vorstellen. Ich werde mit dem amerkikanischen Titel dieses Essays *(Life is like a chicken coop ladder)* als typischem Beispiel beginnen. Es gibt verschiedene Versionen dieser Redensart, von denen wenigstens eine den meisten Deutschen geläufig ist:

Das Leben ist wie eine Hühnerleiter – kurz und beschissen.

Manchmal wird dem letzten Teil ein anderer Anfang vorangestellt:

Das Leben ist wie ein Kinderhemd – kurz und beschissen.

Manchmal folgt der Hühnerleiter-Formel eine andere Antwort:

Das Leben ist wie eine Hühnerleiter –
beschissen von oben bis unten.

oder

Das Leben ist wie eine Hühnerleiter –
man kommt vor lauter Dreck nicht weiter.

Ich habe all diese Redensarten während einer kurzen Reise nach Frankfurt im Sommer 1979 gesammelt, doch bei einem Berlin-Besuch im Frühjahr 1982 fand ich eine vollständigere Reim-Version der Hühnerleiter-Defintion des Lebens, die aus den 40er Jahren in Hamburg stammen soll:

Das Leben ist'ne Hühnerleiter
vor lauter Dreck kommt man nicht weiter
und wenn man endlich oben ist
dann steckt man drin im tiefsten Mist.

Diese letzte Version enthält ein Spiel mit der Vorstellung der Leiter als einer traditionellen Metapher für Erfolg. Die Bedeutung der Leiter-Metapher in der deutschen Kultur wurde von der Anthropologin Rhoda Metraux in den 50er Jahren bemerkt, als sie eine Inhaltsanalyse zeitgenössischer deutscher Erziehungsliteratur durchführte. Sie beobachtete eine auffällige Vorstellung, die mit Kindheit und Wachstum assoziiert ist, und die darin bestand, daß „Stufen hinaufgeschritten werden müssen, um erwachsen zu werden ... doch kann der Aufstieg des Kindes durch Erziehung behindert, gestoppt oder gefördert werden" (1955: 213). Diese Redensarten sind keine Neubildungen. So lautet zum Beispiel eine Rätselfrage aus dem Jahre 1908 wie folgt (Luedecke 1908: 189):

Was ist das Leben? Eine Hühnerleiter; eine Sprosse
ist stets beschissener als die andere.

Ein Jahr später (Berliner 1909: 412) finden wir:

Was ist das Leben? Ein Kinderhemd: Es ist kurz und beschissen.

Eine ähnliche Volksdefinition des Lebens finden wir in einem anderen modernen Text:

Das Leben ist wie eine Brille — Man macht viel durch.

Diese Redensart hat eine Doppelbedeutung. „Durchmachen" bedeutet etwas zu ertragen oder zu erleiden, doch wortwörtlich bedeutet es „durch-machen". Somit ist das Leben wie ein Toilettensitz — man läßt viel durch-fallen. In einer weniger subtilen modernen Reimvariante (Coturnix 1979: 128) wird dieselbe Gleichung aufgestellt:

Das Leben wie ein Lokus ist. Man macht viel durch –
oft ist es Mist.

Die Faszination von Fäkalien ist auch in dem folgenden Kinderrätsel offensichtlich (vgl. Rühmkorf 1967: 66):

> *Wie kommt Kuhscheiße auf das Dach?*

Die Antwort ist:

> *Hat sich Kuh auf Schwanz geschissen*
> *und dann auf das Dach geschmissen.*

Die Frage am Anfang kann auch als Sprichwort dienen, das eine Situation der Bedeutung „Wie kam denn dieser Schlamassel zustande?" erläutert. Kuhmist, so stellt sich heraus, ist ein ziemlich populärer Gegenstand in der deutschen Volksskatologie.

Man findet noch weitere solcher Rätsel, wie zum Beispiel: Es sieht aus wie Kuhscheiße, es riecht wie Kuhscheiße und ist doch keine Kuhscheiße (Apitzsch 1909: 412). Die Antwort: Ochsenscheiße!!!

Kuhmist ist auch in Sprichwörtern populär: Je schöner die Kuh, desto größer der Fladen, und: So genau schitt keen Kauh, dat'n Pund gifft! (Förster 1912: 480)

Kuhmist war ein fester Bestandteil deutschen Landlebens. Den Misthaufen (von Kühen, Pferden und, in früheren Zeiten, von Menschen) konnte man außerhalb des Hauses finden. Ein Deutscher, der im Ausland gewesen war, roch bei seiner Rückkehr freudig den Misthaufen und meinte ihn, wenn er von „Heimatluft" sprach. Die Redewendung bedeutet: Ich bin froh, wieder zu Hause zu sein. Man kann hier eine deutlich positive Assoziation zu Kuhmist erkennen.

Mist wurde natürlich als Düngemittel verwendet. Ein Stück moderner Volksdichtung vom Bauernhof kritisiert Kunstdünger und lobt den authentischen Stoff:

> *Kunst ist Dunst*
> *Pupp un Piss dat helpt gewiß.*

Kunst (Kunstdünger) ist ineffektiv. Nur Fäkalien und Urin helfen mit Gewißheit. (Die Behauptung geht dahin, daß nur das echte Zeugs die Pflanzen ordentlich düngt.) Der Misthaufen vor dem Haus war die öffentliche Proklamation des Wohlstands. Über Jahrhunderte konnten Eltern, die einen Gatten für ihr Kind suchten, den Wert einer in Erwägung gezogenen Familie anhand des Misthaufens vor deren Bauernhaus abschätzen (Lowie 1954: 54). Je mehr Tiere einer Familie gehörten, desto größer war der Misthaufen. Die Beziehung von Misthaufen zu Reichtum ist in der deutschen Kultur ein altes Motiv. In der Erzählung *Simplicius Simplicissimus* von Grimmelshausen aus dem Jahre 1669 entschließt sich eine Gruppe plündernder Soldaten, „das Haus mit dem größten Misthaufen anzugreifen, weil da die reichsten Kerle wohnen ..." (Grimmelshausen 1964: 190).

Mark Twain war in dem Bericht seiner Reisen durch Deutschland, 1880 unter dem Titel *A Tramp Abroad* erschienen, über seine Begegnungen mit Misthaufen im Schwarzwald höchst amüsiert. Über ein typisches Schwarzwald-Haus sprechend, beobachtete er:

„Vor der Eingangstür war ein riesiger Misthaufen ... Die halbe Frontseite des Hauses vom Boden aufwärts schien von den Menschen, den Kühen und den Hühnern besetzt zu sein, und die hintere Hälfte von Zugtieren und Heu. Aber das Hauptcharakteristikum waren die großen Misthaufen um das ganze Haus herum. Der Dünger wurde uns im Schwarzwald vertraut. Unbewußt gewöhnten wir uns an, die Lebensstation eines Mannes an diesem sichtbaren und ausdrucksvollen Zeichen abzuschätzen. Manchmal sagten wir: „Hier ist ein armer Teufel, soviel ist klar". Wenn wir eine stattliche Anhäufung sahen, sagten wir: „Hier ist ein Bankier". Wenn wir einem Landsitz begegneten, der von alpinen Misthaufen umgeben war, sagten wir: „Hier lebt zweifellos ein Herzog."

Twain machte sich daran, das Handlungsgerüst eines Schwarzwaldromans zu entwerfen, in dem ein reicher alter Bauer namens Huss

„... einen großen Besitz an Mist geerbt und ihn durch Fleiß
vergrößert hatte. Der Haufen hat zwei Sterne im Baedecker.
(Der Bauer hat eine Tochter, Gretchen.) Paul Hoch, junger
Nachbar, Bewerber um Gretchens Hand – angeblich; in Wirk-
lichkeit will er den Mist. Hoch ist selbst im Besitz eines größe-
ren Haufens von Pferdewagen der Schwarzwaldwährung und
deshalb eine gute Partie, aber er ist knauserig, gemein und ohne
Empfindungen! ... Da ist auch noch Hans Schmidt, junger
Nachbar, voller Empfindungen, poetisch, liebt Gretchen, Gret-
chen liebt ihn. Aber er hat keinen Mist. Der alte Huss verbietet
ihm das Haus. Sein Herz bricht, er geht in den Wald, zu ster-
ben, weg von der grausamen Welt – denn er sagt verbittert:
„Was ist ein Mann ohne Mist?" (Sechs Monate später) Paul
Hoch kommt zum alten Huss und sagt: „Ich bin mindestens so
reich wie Du's verlangst – komm und schau Dir den Haufen
an." Der alte Huss sieht ihn und sagt: „Das reicht aus – nimm
sie und sei glücklich" – und meint dabei Gretchen. Zwei Wo-
chen später auf dem Hochzeitsempfang tritt Huss' Hauptbuch-
halter ein und wird ausgeschimpft, die Bücher nicht ausgegli-
chen zu haben. Falls der Buchhalter das fehlende Eigentum
nicht ausfindig machen kann, muß er ins Gefängnis. Der Buch-
halter kündigt an: „Ich hab's gefunden." „Wo?" „Im Haufen
des Bräutigams!" Hoch wird in Handschellen gelegt und abge-
führt. Gretchen ruft aus: „Gerettet!" und fällt vor Freude in
Ohnmacht, wird aber von den Armen Hans Schmidts aufgefan-
gen, der in diesem Augenblick hereintritt. Hans erklärt, daß er
„einsam durch den Wald gewandert ist, den Tod sucht, aber ihn
nicht fand, sich von Wurzeln ernährte, verbittert nach den bit-
tersten grub, weil er sich vor den süßen ekelte." „Als ich vor
drei Tagen grub, stieß ich auf eine Mist-Mine! – eine Golcon-
da, eine grenzenlose Bonanza soliden Mists! Ich kann Dir a l l e s
kaufen und habe noch Berge von Mist übrig." Es entsteht eine
enorme Aufregung wegen der „Proben aus der Mine". Der alte
Huss nimmt den Heiratsantrag an und die „Hochzeit findet auf
der Stelle statt". (Clemens 1880: 210–213)

Mark Twain hat durch die Parodie einen Aspekt des deutschen Charakters hervorgehoben.

Henry Mayhew bestätigt Mark Twains Eindruck in seiner detaillierten Beschreibung deutschen Lebens zur Mitte des neunzehnten Jahrhunderts. Mahew spricht von „Knaben und Mädchen mit kleinen Karren, Besen und Schaufeln, die auf den Straßen Pferdemist sammeln, um den hochgeschätzten Dunghaufen hinter jedem Haus zu vergrößern" (Mayhew 1864: 2:611). Es ist keineswegs sicher, daß alle Kulturen die Gegenwart von Misthaufen neben Wohnhäusern förderten. Man muß an den ersten Hinweis auf den Vater William Shakespeares im April 1552 denken, der mit zwölf Pence Strafe belegt wurde, weil er entweder einen Misthaufen vor seinem Haus angelegt oder es versäumt hatte, ihn vor seinem Haus in der Henley Street in Stratford-on-Avon zu entfernen.)

Ein Anthropologe, der das Dorfleben in Burkhards im Vogelsberg-Gebiet, nördlich von Frankfurt, untersuchte, fand in der Mitte der 1960er Jahre heraus, daß die ehrwürdige Tradition fortgesetzt wird (Nurge 1977: 137): „Eines der Symbole des Haushaltswohlstands ist die Größe des Misthaufens. Der Misthaufen befindet sich im vorderen Hof. Vor Jahrzehnten und Jahrhunderten muß er ein wichtigeres Symbol von Fleiß und Wohlstand einer Familie gewesen sein, als es heute der Fall ist, aber selbst heute noch, wenn eine Familie den Neubau eines Hauses plant und ihren Misthaufen nach hinten verlegen könnte, indem Grundriß und Arbeitswege anders geplant werden, tut sie es nicht; sie verlegt ihn nach vorn."

Der gleiche Anthropologe fand, daß nicht nur tierische Fäkalien zum Düngen der Felder verwendet werden. Auch menschliche Fäkalien wurden benutzt.

Es war auch eine ziemliche Überraschung, festzustellen, daß menschliche Absonderungen als Düngemittel verwendet wurden. Es ist weithin bekannt, daß dies eine chinesische Praxis war, aber in Europa habe ich davon nie gehört. Das gebräuchlichste System für Absonderungen von Toiletten innerhalb von Häusern besteht darin, sie in Senkgruben, die in der Nähe von

Misthaufen liegen, aufzufangen, von wo sie dann im Frühjahr
in große Fässer gepumpt und auf die Felder gesprüht werden.
In Burkhards sind noch sowohl Aborte außerhalb des Hauses
als auch Toiletten innerhalb der Häuser in Gebrauch. Ich weiß
nicht, ob diese auch periodisch gereinigt und die Abfälle ver-
wendet werden. Ich fragte nach: Werden menschliche Abson-
derungen auf allen Feldern verwendet oder möglicherweise nur
auf Wiesen und Weiden? Die Antwort war: Nein, sie werden
auf allen Feldern verwendet. (Nurge 1977: 131)

Und doch ist es der Kuhmist, dem in der deutschen Kultur eine besondere Zuneigung gilt. Jeder, der daran zweifelt, möge die Worte
eines Volksliedes lesen, das 1900 dokumentiert wurde und den Titel „Der Kuhdreck" trägt (Blümml 1908: 89 – 90):

Frischa, warma Kuahdreck
Is Winter und Summa guat,
Im Winta für an Brustfleck
Im Summa für an Huat.

Besser als unser Köchin
Kocht unser schwarze Kuah.
Sie schmelzt uns die Pasteten
Und den Spinat dazua.

Wann da Baua's Zwicka hat,
So tuat's da Kuahdreck a,
Er tuat eahma in an Fetzn
Und bindt eahma warm am Bau.

Hiaz bin i von den Kuahdreck
So heisari und ganz müad,
I scheiss enk auf den Kuahdreck
und auf das ganze Liad.

Es ist natürlich nicht nur Kuhmist, der in der deutschen Kultur in
Erscheinung tritt. Das Wort „Scheiß" bezieht sich normalerweise
auf menschliche Fäkalien. Der Autor eines 1971 erschienenen Buches mit dem Titel *The Germans* berichtete, daß ihm ein evangeli-

scher Pastor in Nürnberg erzählte, das „heute meistgebrauchte Wort in Deutschland" sei „Scheiße" (Schalk 1971: 40, 492). Auch eine Untersuchung des literarischen Gebrauchs von Obszönitäten bezeichnet „Scheiße" als den „vielleicht gebräuchlichsten Vulgarismus im Deutschen" (Witte 1975: 368). Ernest Borneman versichert in seinem hervorragenden, umfassenden Werk *Sex im Volksmund* (1971: 35.22), daß kein anderes europäisches Volk in seinem Slang eine solche Anzahl anal-erotischer Begriffe verwendet wie die Deutschen. Es sollte klargestellt werden, daß diese Begriffe nicht notwendigerweise als Obszönitäten auszulegen sind. Keith Spalding, der mehr als dreißig Jahre mit der Zusammenstellung eines wertvollen Nachschlagewerks der deutschen bildhaften Sprache verbrachte, bemerkt in seiner Erörterung von „bescheißen", daß das Wort normalerweise nicht als vulgär erachtet wird, wenn es in einem Dialekt benutzt wird. Im Dialekt wird es im allgemeinen tatsächlich als zulässig betrachtet, es zu gebrauchen. Doch im ‚ordentlichen' Deutsch betrachtet man es in der Regel als einen Vulgarismus (1955: 266).

„Scheiße" wird im Alltagsdeutsch in ziemlich anderer Art und Weise gebraucht als „shit" in der anglo-amerikanischen Kultur. Wenn beispielsweise ein Werkzeug kaputt geht, ruft ein Deutscher „Scheißding da", wohingegen ein Anglo-Amerikaner wahrscheinlich eher „Verdammtes Ding" sagt. Eine andere typische Ausdrucksform ist „Scheiß drauf!", was roh übersetzt das Äquivalent des anglo-amerikanischen „Zur Hölle damit" oder „Was zur Hölle" ist. Ein häufiger deutscher Ausdruck ist „Verdammte Scheiße". Manchmal wird eine Ausdrucksweise durch Verdoppelung intensiviert. „Scheißdreck" wäre ein Beispiel für eine solche Verdoppelung. Ein Deutscher könnte auch sagen: „Das ist mir scheißegal", was bedeutet: Es ist mir gleich. Ein weiteres populäres Idiom ist: „Die Kacke ist am dampfen", was bedeutet, daß eine Situation wirklich übel ist. Eine Art, auf deutsch zu sagen, jemand solle sich um seinen Kram kümmern, ist: „Die Nase in den eigenen Dreck stecken", was beinhaltet, jemand soll seine Nase nicht in anderer Leute Scheiße stecken. „Der kann nicht einmal aufs Scheißhaus gehen" bezieht sich auf jemand, der dermaßen unfähig ist, daß er nicht einmal richtig auf die Toilette gehen

26

kann. Es gibt buchstäblich dutzende und aberdutzende weiterer Ausdrücke, die so „Scheiße" oder „Dreck" oder „Arsch" einbeziehen. Die wenigen genannten dienten nur zur Illustration.

Ich sollte betonen, daß „Scheiße" nicht nur einfach eine Metapher im alltäglichen deutschen Sprachgebrauch ist. Es existiert auch buchstäblich ein tägliches Interesse an dem Akt der Defäkation. Eine besorgte Mutter kann sich mit folgender rhetorischer Frage an ihr Kleinkind wenden: „Hast du die Hosen voll (gemacht)?", wobei die Frage häufig von einem zärtlichen tatsachenerkundenden Klaps auf den Hintern begleitet wird. Ähnlich werden Kleinkinder im niederdeutschen Hamburger Dialekt häufig mit der liebevollen Redewendung „Min lütten Schietbüttel" oder „Min lütten Schieter" angesprochen. Ein weiter verbreitetes Idiom quasi-liebevoller Art für kleine Jungen ist „Du kleiner Hosenscheißer", dessen Nebenbedeutung von „kleiner Schuft" bis ins sechzehnte Jahrhundert zurückzudatieren ist. Viele erwachsene Deutsche fragen sich jeden Morgen „Werde ich heute Stuhlgang haben?". Familienmitglieder können sich über diese Angelegenheit ziemlich lange unterhalten. Solch offene Erörterungen schockieren oder überraschen häufig amerikanische Zuhörer, denen diese Facette deutscher Kultur unbekannt ist. Ein traditioneller Reim bestätigt die allgemeine Befriedigung im Zusammenhang mit der ersten Defäkation des Tages: Am besten ist der Morgenschiß, auch wenn er am Abend is(t).

Wenn schon der erste Defäkationsakt des Tages so beachtet wird, sollten wir nicht überrascht sein zu erfahren, daß der allererste Defäkationsakt im Leben eines Menschen ebensolche Aufmerksamkeit auf sich zieht. Der Volksausdruck dafür ist „der Heidendreck" (Spalding 1972: 1272). Der Ausdruck bezieht sich auf das, was in der Medizinersprache als Mekonium bekannt ist, die dunkelgrüne Substanz im Dickdarm des ausgereiften Fötus, die nach der Geburt des Säuglings zu dessen ersten Fäkalien wird. Der Bezug „Heiden" kommt daher, daß der Säugling noch ungetauft ist.

Die unbekümmerte Aufnahme solcher Themen im täglichen Leben des heutigen Deutschland wird durch einen ausgedehnten vierteiligen Serienartikel „Die Geschichte des Klo" signalisiert,

*Abb. 1: Der Kult um den Stuhlgang: Dieses Foto war Teil einer
Artikelserie im „STERN" über die Geschichte des Klos*

der 1979 im „*Stern*" erschien (Vetten 1979). Man kann sich nur schwer vorstellen, daß *Life* oder *Time* einen illustrierten Essay von vierzig Seiten über die Geschichte der Toilette bringen, mit ausführlicher Erörterung des Toilettenpapiers und Bildern antiker Nachttöpfe.

Eine weitere konkrete Illustration dieser Neigung ist ein Berliner Lokal namens „Klo". Um in dieses Etablissement zu gelangen, das von der Mittelschichtjugend frequentiert wird, muß man einen Groschen in den Schlitz an der Eingangstür werfen, genau wie es bei vielen öffentlichen Toiletten der Fall ist. Innen bestehen einige der Sitze aus Toiletten, und auf jedem Tisch gibt es statt Servietten Toilettenpapierrollen (so daß die Leute sich nach dem Verzehr eines Sandwichs oder eines Bieres den Mund mit Toilettenpapier abwischen können). Die Speisekarte reflektiert das Dekor, indem sie solche Delikatessen wie „Rostbratwürstchen mit kaltem Kraut im Nachttopf" anbietet.

Die weite Verbreitung des Nachttopfhumors zeigt sich auch in Scherznachttöpfen, bei denen der Griff im Inneren des Topfes angebracht ist. Dies soll vermutlich sicherstellen, daß der Mensch, der den Topf forttragen will, gezwungen ist, seine Hände mit dem Inhalt des Topfes zu beschmutzen. Ein solcher Topf, der im April 1982 in einem Berliner Andenkenladen zum Verkauf angeboten wurde, enthielt einen Meßstreifen mit dem aufgemalten Sprichwort: „Der Mensch ist das Maß aller Dinge!". Die Maßeinheiten rangierten zwischen „kleiner Scheißer" am Boden bis zu „großer Scheißer" am oberen Rand. Ein anderer Topf war als „Scheiß-Spiel" etikettiert und enthielt eine Reihe konzentrischer Kreise am Boden, die den Benutzer dazu ermutigten, seine Ausscheidungen gezielt zu plazieren.

Es wäre leicht, eine Vielzahl weiterer Beispiele zu geben. Auf der gleichen Linie liegt eine windige Zusammenstellung, *Der Furz*, gesammelt von Alfred Limbach (1980), die eine reichhaltige Sammlung der Folklore des Furzens enthält, einschließlich Sprichwörtern, Rätseln, Kinderreimen, Volksliedern, Slang und Zitaten aus der Literatur zum Thema. Dieses allgemeine Interesse an Fäkalienangelegenheiten ist nicht neu. Wir stellen fest, daß zu Anfang dieses Jahrhunderts die angeblichen Memoiren einer Wiener

Abb. 2: Im Berliner Restaurant „Klo" sitzen die Gäste teilweise auf Toilettensitzen ...

Abb. 3: ... und benutzen Toilettenpapier anstelle von Servietten

Toilettenfrau publiziert wurden, die Graffiti aus dieser Zeit und Beobachtungen der Kundschaft öffentlicher Toiletten enthalten (Himmlisch 1907).

Scheiße(n) ist ein Thema, das sich durch viele Aspekte deutscher Folklore zieht. So ist etwa eines der populärsten Stücke zeitgenössischer deutscher Folklore eine Reihe von Reimpaaren. Sie können gesungen oder rezitiert werden und sind manchmal an Toilettenwänden zu finden. Hier eine Auswahl der Verse, von denen die meisten 1979 in Frankfurt gesammelt wurden und die durch einige zusätzliche Texte aus schriftlichen Quellen ergänzt wurden (Krotus 1970: 23; Rühmkorf 1972: 23 – 24):

Scheiße in der Lampenschale
gibt gedämpftes Licht im Saale.

Scheiße in den Autoreifen
gibt beim Bremsen braune Streifen.

Scheiße auf dem Autodach
wird bei 100 Sachen flach.

Scheiße in die Luft geschossen
gibt sehr viele Sommersprossen.

Die Identifizierung von Sommersprossen mit Fäkalien findet sich auch anderweitig in der deutschen Folklore. 1906 weist ein Bericht darauf hin, daß jemand, der Sommersprossen hat, beschrieben werden kann mit „Er hat mit dem Teufel Schißdreck gedroschen" (Godelück 1906 b: 135).

Einige weitere Strophen reflektieren unter anderem die Auswirkungen von Scheiße auf Musik:

Scheiße auf dem Grammophon
verdirbt die Platte samt dem Ton.

Scheiße im Trompetenrohr
bringt die schönsten Töne vor.

Scheiße im Trompetenrohr
ersetzt den ganzen Kirchenchor.

Scheiße im Trompetenrohr
Kommt Gottseidank recht selten vor.

Scheiße auf der Friedhofsmauer
stört die Gäste bei der Trauer.

Scheiße auf der Kirchhofsmauer
macht den frömmsten Pfarrer sauer.

Scheiße an des Hutes Rand
Beschmutzt beim Grüßen leicht die Hand.

Scheiße in der Kuchenform
Verändert den Geschmack enorm.

Scheiße in den Manteltaschen
verdirbt den Kindern schnell das Naschen.

Wenn Scheiße in der Suppe schwimmt
Dann sind die Gäste mißgestimmt.

Scheiße auf dem Sofakissen
Wird man wohl entfernen müssen.

Scheiße hinterm Sofakissen
Läßt die Wohnkultur vermissen.

Auch einige Kinderspiele spiegeln die gleichen skatologischen Tendenzen wider. Zum Beispiel ein relativ simpler Zungenbrecher: Ein Kind bittet ein anderes, „Hirsch heiß ich" so schnell wie möglich zu wiederholen. Wenn der Satz schnell wiederholt wird, hört sich das Resultat an wie „Hier scheiß ich", was den Hereingelegten dazu zwingt, das tabuisierte Wort auszusprechen und den in Frage stehenden Akt zu „gestehen". Es gibt weitergehende

Spiele. Alfred Adler beschreibt in einem kurzen Essay über „Erotische Kinderspiele" (1911: 258) knapp eine Variante von Blindekuh, das dem anglo-amerikanischen *Blind Man's Buff* ähnelt (Brewster 1953: 12 – 16). Bei diesem Spiel werden einem Knaben die Augen verbunden. Ein anderer Junge uriniert in dessen Tasche oder er wird von den im Kreis um ihn Stehenden angepinkelt, oder die Blindekuh (der Junge, der „es" ist) bekommt ein Stück Fäkalie in die Hand.

In einem gemäßigteren Spiel beugt sich ein Kind vornüber oder kniet sich auf den Boden und legt seinen Kopf in den Schoß eines anderen. Das Kind, in dessen Schoß „es" seinen oder ihren Kopf hat, kann seine Hände an dessen Kopf legen, so daß „es" nicht nach hinten schauen kann. Ein anderes Mitglied der Gruppe tritt vor und haut „es" auf den Hintern. „Es" hat zu erraten, wer es war. Falls „es" richtig geraten hat, kommt das Kind, daß „es" geschlagen hat, dran. Wenn „es" nicht richtig geraten hat, muß er „es" bleiben und weitere Schläge abwarten. Es ist anzunehmen, daß Feinde fest zuschlagen, während Freunde sanft hauen werden. Einige clevere Spielkameraden werden jedoch das Gegenteil tun, um „es" an der Nase herumzuführen. In diesem Kontext ist es bedeutsam, daß sich solche Kinderspiele auf das Hinterteil des Körpers konzentrieren. Dieses Spiel wird kurz in Jaroslav Haseks *Der brave Soldat Schwejk* (1974: 85 n. 1) erwähnt, in dem das Spiel „Fleisch" beschrieben wird als ein Spiel von Soldaten, bei dem einer der Soldaten seinen Hintern entblößt und die anderen ihn von hinten schlagen. Wenn er errät, wer von den anderen ihn geschlagen hat, muß dieser Soldat den Platz mit ihm tauschen. Das Spiel tauchte auch in dem Nazi-Film *Hitlerjunge Quex* von 1933 auf und wurde gewöhnlich bei Nazi-Picknicks gespielt (Bateson 1953: 311).

Ein anderes Spiel namens „Stuhlraten" illustriert das gleiche Thema. In Wirklichkeit handelt es sich jedoch mehr um einen Trick als um ein Spiel. Eine Person behauptet, sie könne das Zimmer verlassen und bei der Rückkehr sagen, auf welchem der drei Stühle jemand während ihrer Abwesenheit gesessen habe. Er, oder sie, verläßt den Raum, worauf sich sein Komplize auf einen der Stühle setzt. Der Komplize steht auf und ruft den Ratenden herein, der versucht zu bestimmen, welcher der drei Stühle besetzt gewesen ist.

In Wirklichkeit ist vorher ein Code verabredet worden, etwa derart, daß beim Wort „Komm'" der erste Stuhl gemeint ist, „Komm' rein" der zweite und bei „Komm' rein, Hans (oder wie immer sein Name ist)" der dritte. Auf jeden Fall tut der Ratende so, als ob er die Stühle sorgfältig untersucht. Er schaut nach, ob die Stühle leicht bewegt worden sind, legt Fingerspitzen oder Handfläche auf die Stühle um Ausbuchtungen oder verräterische Wärme von kürzlichem Körperkontakt zu entdecken. Nach reiflicher Überlegung und vorgetäuschter Konzentration greift der Ratende zur letzten Möglichkeit, um das Rätsel zu lösen: Er bückt sich, riecht am Sitz jedes Stuhls, und bestimmt, triumphierend mit dem Finger auf den richtigen Stuhl weisend: „Dieser hier!"

Es ist mehr als wahrscheinlich, daß die Bezeichnung des Spiels „Stuhlraten" ein Wortspiel sowohl von (Sitz-)Stuhl als auch (Fäkalien-)Stuhl beinhaltet. Fromm, der es vorzieht, eher vom nekrophilen als vom analen Charakter zu sprechen, stellt fest, daß viele von schlechten Gerüchen fasziniert sind. Diese Menschen verbreiten oft den Eindruck von „Schnüfflern" (1973: 330, 340). Die Betonung des Schnüffelns oder Riechens von Fäkalien ist auch in anderen Aspekten deutscher Folklore zu finden. So ist etwa einer der bekanntesten traditionellen Witze eine Geschichte, die der Volkskundler Lutz Röhrich gewissenhaft bis ins späte deutsche Mittelalter zurückverfolgen konnte (Röhrich 1967: 497 – 503). In dieser Geschichte entdeckt ein Mensch eine schöne Blume (die offensichtlich einen angenehmen Duft verbreitet – typischerweise ist es ein Veilchen) oder eine Erdbeere. Er bedeckt sie mit seinem Hut und beeilt sich, seine Frau oder jemand anderen zu holen, um sie sich anzuschauen. In der Zwischenzeit kommt ein Gauner daher, nimmt die Blume oder ißt die Erdbeere und läßt einen Haufen Fäkalien unter dem Hut zurück. Diese Geschichte war in Deutschland so populär, daß sie häufig als Grundlage für einen traditionellen Sketch diente, und es überrascht nicht zu hören, daß sie auch ein Fastnachtsspiel war. Es sollte festgehalten werden, daß dieses Streiche-Spielen mit Fäkalien im Leben wie auch in der Fiktion stattfand. Der Bericht über eine Posse im Winter 1845 – 1846 in Schorndorf erzählt, wie Knaben, die bei einem Schmied arbeiteten, die Hammergriffe mit Exkrementen beschmierten, während dieser zum Essen war (Bourke 1891: 380 – 381). Die Popularität solcher Possen stützt die Auffassung (Spalding 1958: 46 cf.; Reid 1967), daß der mögliche Ursprung des Idioms „Dreck am Stecken" daher rührt, daß es Gelegenheiten gegeben haben könnte, bei denen jemand einem Gefoppten einen an einem Ende mit Exkrementen beschmierten Stock gereicht hat, um ihn zu beschmutzen. Der Gebrauch des Hutes, um anale Themen anzusprechen, zieht sich bis in die Gegenwart. Zum Beispiel tragen viele Männer am Vatertag, der in Deutschland am röm.-katholischen Fest Himmelfahrt ist, Strohhüte, die mit Toilettenpapier geschmückt sind (Schalk 1971: 34, 300).

Unter den skatologischen Themen, die in der deutschen Folklore am häufigsten vorkommen, ist das Ins-Bett- oder In-die-Hosemachen. Wiederum sollen einige Beispiele für dutzende anderer möglicher Texte stellvertretend wiedergegeben werden. Das Alter des Themas wird durch den naiven Einfaltspinsel in Grimmelshausens Erzählung *Simplicius Simplicissimus* des Jahres 1669 bestätigt, der sich eine Vielzahl von skatologischen Eskapaden erlaubt. Als Page an einem Hof fragt er, wie man leise furzt. Ihm wird gesagt, er solle sein linkes Bein heben wie ein Hund an einer Ecke und sich leise sagen: „Ich furze, ich furze, ich furze". Bei einem Fest-Bankett probiert er später diese „Technik" mit verheerenden Folgen aus. Später am gleichen Abend versucht er, mit „einer Dame hohen Adels und großer Tugenden" zu tanzen. Als sie sich ängstlich zurückzog, geriet Simplicius in Panik und schrie: „Und als ob das noch nicht genug gewesen wäre, rutschte mir durch Zufall etwas in die Hose, das einen furchtbaren Geruch von sich gab, etwas, was meine Nase schon lange nicht mehr erlebt hatte. In diesem Moment hörten die Musiker auf, die Tänzer hielten an und die tugendhafte Dame, an deren Arm ich hing, fühlte sich zutiefst beleidigt, da sie meinte, mein Herr habe sich einen Witz mit ihr erlauben wollen." In einen Gänsestall gesperrt, sitzt Simplicius dann in seinem „eigenen Schmutz" und beobachtet ein Liebespaar in Aktion (1964: 71 – 85) (sehr ähnlich einem Säugling, der in die Windeln gemacht hat und voyeuristisch die Urszene elterlichen Geschlechtsverkehrs beobachtet).

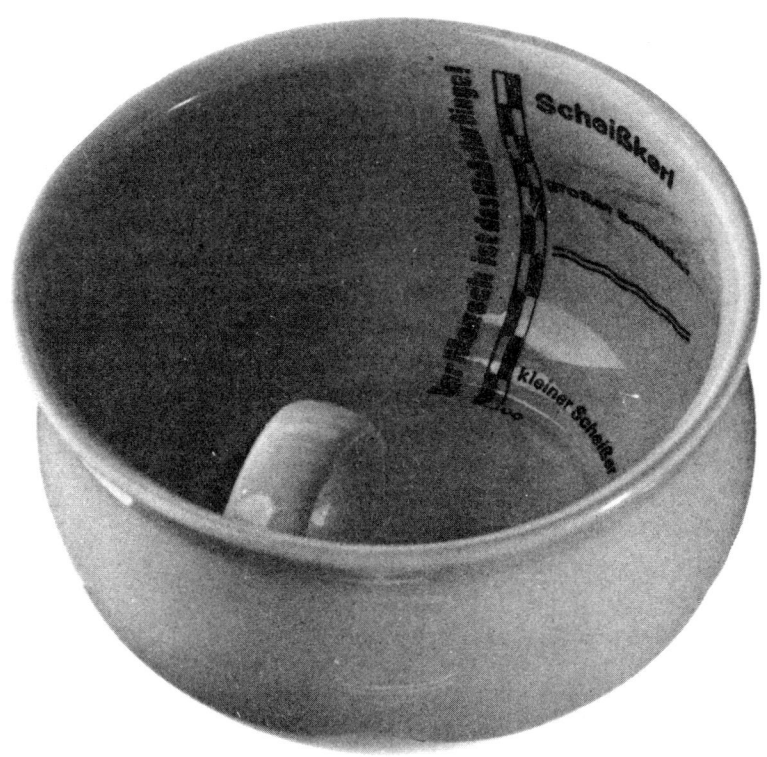

Abb. 4: Ein Beispiel für den deutschen Nachttopf-Humor ist dieses Gefäß mit dem Griff innen und der Meßskala

Das Bankett und der Tanzpart erinnern an eine Szene in Friedrich Dedekinds *Grobianus* aus dem Jahrhundert davor. Im *Grobianus*, einer Abhandlung darüber, wie man sich nicht benehmen sollte, wird ein Junge vom Druck der Blase überwältigt und beschließt, in seine Stiefel zu urinieren. Später wird er gezwungen, in diesen Stiefeln zu tanzen. In der folgenden Nacht hat er dann Bauchschmerzen, entdeckt aber zu seinem Entsetzen, daß die Tür zum Hof verriegelt ist. Aus lauter Verzweiflung macht er in einen seiner Stiefel. Um nicht auf seine peinliche Lage aufmerksam zu machen, zieht er am Morgen seine Stiefel einfach an (Rühl 1904: 137 – 139). In einer anderen Episode dieser Satire aus dem sechzehnten Jahrhundert wird einem furzenden Menschen dazu geraten, zu rufen: „Pfui, was für ein Gestank ist das?" und, wenn notwendig, es auf einen kleinen Hund zu schieben. „Sag er war's, und niemand anderer als er hat die Luft parfümiert" (1904: 120, 156). Gehen wir vom sechzehnten in das zwanzigste Jahrhundert. Es gibt ein traditionelles Rätsel: Was ist draußen und doch drinnen? Der Dreck, wenn man sich in die Hosen geschissen hat (Krauss und Reiskel 1905: 53; desgl. Polsterer 1908: 169). Ernest Borneman hebt in seiner Sammlung moderner deutscher Kinder-Folklore besonders hervor, daß die Auszählreime der Drei- bis Fünfjährigen größtenteils skatologisch orientiert sind und sich auf Fäkalien und After konzentrieren (Borneman 1973: 34). Er bezieht mehr als vierzig Reime mit ein, die mit vollgemachten Hosen zu tun haben (Borneman 1974: 241 – 250). Die Reime sind nicht neu und lassen sich mindestens ein Jahrhundert zurückverfolgen. Ein populärer Reim benutzt das Wort „Aprikose", das sich so schön auf „Hose" reimt. In diesem Reim geht es typischerweise darum, daß eine Person „Frißt Aprikose, schißt in 'd Hose, Gang eweck! Gang eweck. Du bist Dreck!" (Godelück 1906a: 237; Ihm 1912: 497; Borneman 1973: 42). Manchmal wird ein Erwachsener oder eine Autoritätsperson beim Akt der Defäkation beschrieben:

Quibus rebus cognitis
Caesar in die Hosen schiß.

Ein Reim, der keine Lateinkenntnisse erfordert, ist (Borneman 1974: 243 – 244):

Karl der Große
Hat verschissene Hose!
Karl der Kleine
Hat beschissene Beine.

Es existieren auch Rätselfragen, die eindrucksvolle Hinweise auf das Ausmaß von Schmutzigkeit geben, die dieser populären Vorstellung anhaften (Krauss und Reiskel 1905: 37, 53; desgl. Polsterer 1908: 169):

37

Was ist über alle Maßen?
Wenn man in die Hosen scheißt,
daß es beim Halsbande herauskommt.

oder

Was ist Pech?
Wenn man in die Hosen scheißt,
daß der Dreck beim Krawatl herauskommt.

In einem metaphorischen Sinne ist es absolut sinnvoll, wenn Auszählreime skatologisch sind. Das angebliche Objekt von Auszählreimen besteht in der *Eliminierung* von Menschen (um herauszufinden, wer „es" sein wird). Hier ein repräsentativer Text, der 1960 in Berlin gesammelt wurde (Borneman 1973: 41; desgl. Rühmkorf 1967: 33 – 34):

1, 2, 3, 4, 5, 6, 7, 8, 9
Wie heißt Dein kleiner Freund?
Herbert!
Herbert hat ins Bett geschissen
Gerade aufs Paradekissen?
Mutter hat's gesehen –
Und Du kannst gehn!

Hier haben wir ein Echo des Defäkationsaktes eines Kleinkindes als einem Geschenk, einem unwillkommenen Geschenk für die Mutter. Wenn sich ein Kind in die Hosen gemacht hat, kann es vorkommen, daß zornige Eltern in idiomatischem Deutsch sagen: „Da haben wir die Bescherung" oder „Das ist eine schöne Bescherung". Bescherung bezieht sich auf das Präsentieren von Geschenken, charakteristisch für Weihnachten. Die Vorstellung des Überreichens von Fäkalien als Geschenk kommt auch in Rätselform zum Ausdruck. Zum Beispiel: „Was ist unverschämt?" „Jemand an seinem Geburtstag vor die Tür zu scheißen und seine Visitenkarte hineinzustecken". Das Deponieren von Fäkalien als Visitenkarte erinnert an die Sitte des *grumus merdae* von Einbrechern

(Hellwig 1905; Reik 1949; 76 – 81; Friedmann 1968), die auch in Deutschland praktiziert wurde und wird.

Aber es sind nicht nur die Kinder, deren Folklore Anspielungen auf Fäkalien in Betten oder Hosen enthält. Der folgende Witz, der von einem deutsch-amerikanischen Zugführer der US-Army 1947 aufgelesen wurde, ist sicherlich repräsentativ für deutschen Erwachsenenhumor:

„Friedrich der Große möchte einem zu Besuch weilenden Herrscher zeigen, wie diszipliniert die preußischen Truppen sind. Er ruft den Namen eines seiner Männer. ‚Soldat Otto Schmidt!‘ Schmidt geht in Hab-Acht-Stellung. Friedrich teilt ihm mit, er habe bis auf weiteres stillzustehen. Dann ruft er fünf oder sechs seiner besten Schützen herbei zur Bildung eines Exekutionskommandos. Sie laden ihre Gewehre – nur Friedrich der Große weiß, ob mit Platzpatronen oder echten Patronen. Er befiehlt ihnen, Aufstellung zu nehmen, zu zielen und auf Schmidt zu feuern. Das tun sie. Otto Schmidt weicht nicht zurück. Wiederum befiehlt Friedrich dem Kommando zu feuern. Und wieder zuckt Otto Schmidt nicht mit der Wimper. Zum dritten Mal befiehlt Friedrich zu feuern und zum dritten Mal weicht Otto Schmidt nicht zurück. Der fremde Herrscher ist gehörig beeindruckt von dieser Darbietung. Friedrich der Große geht auf Otto Schmidt zu und sagt: „Otto Schmidt, das war sehr gut. Sie haben die Tapferkeit und den Mut, die von einem preußischen Soldaten erwartet werden, bewiesen. Als Belohnung dürfen Sie sich wünschen, was immer Sie wollen. Was möchten Sie?“ Soldat Schmidts Antwort: „Frische Hosen, Majestät“.

In einem bilingualen Kontext kann der gleiche Name Schmidt natürlich an Scheiße (engl.: shit; Anm. d. Übers.) denken lassen. Auf jeden Fall läßt sich das Motiv der unfreiwilligen Defäkation als Symptom der Angst in der deutschen Satire durch die Jahrhunderte hindurch entdecken (vgl. Wittenwiler 1956: 158).

Das Idiom „sich bekacken“ als auch „die Hosen voll haben“ bezieht sich auf durch Angst verursachte Defäkation. (Im Englischen kennen wir das Idiom *being scared shitless,* d. h. solche

Angst zu haben, daß man unkontrolliert scheißt oder unfähig ist, zu scheißen.) Im deutschen Volksmund gibt es einen interessanten Begriff, der eine positive Assoziation zur analen Kontrolle in einer Krise bestätigt. Das Idiom ist „Die Arschbacken zusammenkneifen". Metaphorisch kann es Verschiedenes bedeuten: zu sterben, genau achtzugeben, mutig zu sein. Im Zweiten Weltkrieg wurde die Redewendung als Ermahnung für Soldaten benutzt, keine Feiglinge zu sein. Denn es bedeutet ja, daß jemand scheißt, weil er Angst hat. Also: Halte deine Backen zusammen, sei tapfer (und scheiß nicht).

Eine moderne Pseudo-Fabel, im Sommer 1979 in Freiburg aufgesammelt, thematisiert die Rolle der Scheiße im Leben auf witzig-dramatische Weise:

Eine Maus ist auf der Flucht vor einer Katze. Auf der Wiese steht eine Kuh, die gerade einen Kuhfladen macht, der glücklicherweise auf die Maus fällt. Nur die Schwanzspitze schaut noch heraus. Die Katze zieht die Maus am Schwanz aus dem Kuhfladen heraus, reinigt sie und frißt sie auf.

Moral: 1. Nicht jeder, der dich bescheißt, meint es mit dir schlecht.

2. Nicht jeder, der dich aus der Scheiße zieht, meint es mit dir gut.

3. Wenn du schon in der Scheiße steckst, so ziehe wenigstens den Schwanz ein.

Es mag sein, daß Leser das Gefühl haben, Witze wie dieser könnte man in vielen Kulturen entdecken, und daß es unfair sei, solche Witze als Hinweis auf bestimmte Tendenzen in der deutschen Persönlichkeitsstruktur zu zitieren. Diese Leser würde ich gerne fragen, ob sie nach der Lektüre des folgenden Stücks deutscher Folklore noch genau so argumentieren würden. Das Gedicht wurde um die Jahrhundertwende dokumentiert. Sein Titel ist „Der Wunsch", und es vereinigt den Genuß des Defäkationsaktes mit einer wahren Litanei aggressiver Impulse (Polsterer 1908: 147 – 148):

40

Nichts, o Freund, kann uns hienieden
Glücklich machen und zufrieden

Liebe, Schönheit, Geld und Ehre
Übermut in jeder Sphäre;

Nichts vermag uns zu erheitern,
Wenn es mangelt an dem Weitern;

Fehlt nun aber dieses eine,
O dann trauere und weine!

Mußt du dieses eine lassen,
Wirst du ohne Grund erblassen.

Dieses eine, was auf Erden
Allen nur zum Heil kann werden,

Wünsch ich dir mit frommen Munde
Heut zu dieser hohen Stunde

Dieses eine, wie soll's heißen?
Freund, es heißt das edle Scheißen!

Scheiße noch so viele Jahre
Als auf deinem Haupte Haare,

Scheiß' zu allen Tagesstunden
Und nach oben, sowie unten,

Scheiß' am Abend, scheiß' am Morgen,
Scheiß' auf alle deine Sorgen,

Scheiß' auf Hoheit, Macht und Ehre,
Scheiße über Kreuz und Quere,

Scheiß' nach Süden und nach Norden,
Scheiß' auf Würden und auf Orden,

Scheiß' ins Bett und in die Hosen,
Scheiß' auf Tschechen und Franzosen,

Scheiß' auf Schuster und auf Schneider,
Scheiß' auf deine eigenen Kleider,

Scheiß' auf ganze Länder, Reiche,
Scheiß' in Seen und in Teiche,

Scheiß' in alle Straßengräben
Scheiß' sie voll und nicht daneben,
Scheiß' bei Sturm, bei Wind und Wetter,
Scheiß' auf Tanten und auf Vetter,
Scheiß', daß alle Fenster krachen,
Scheiß' überhaupt auf alle Sachen
Scheiß' mit Kraft von zehn Kanonen,
Daß verdunkelt wird die Sonnen,
Scheiße fort und ohne Ende,
Scheiß' dir selbst noch in die Hände,
Scheiß' sogar in dein Gesicht,
Scheiße auch auf dies Gedicht:
Nur auf deinen Freund scheiß' nicht!

Teile dieses bemerkenswerten Textes findet man offensichtlich auch unabhängig vom Gesamttext. Man vergleiche z. B. die letzten Zeilen mit dem folgenden Vers, von dem 1850 in Wien berichtet wird (Luedecke 1907: 321):

Scheiß, daß die Felsen krachen!
Scheiß dem Teufel in seinen Rachen!
Scheiß dem Bauern ins Gesicht –
nur auf unsere Freundschaft nicht!

Eine weitere Version aus einem Namenstag-Wunsch (Brenneisl 1908: 272) endet wie folgt:

Scheiße auf die Advokaten und auf Pfaffen,
Scheiße dir selber in den Rachen,
Scheiße dir selber ins Gesicht,
Nur auf mich scheiße nicht!

Ich glaube, daß sogar die skeptischen Leser im Lichte solcher Text-Dokumente zugeben müssen, daß die deutsche Folklore ein besonderes Interesse an Fäkalien und dem Defäkationsakt aufzeigt. Doch, so könnte eingewendet werden, was soll's, wenn in der deutschen Folklore gelegentlich skatologische Elemente auftauchen? Sicherlich gibt es einen gewaltigen Unterschied zwischen der Folklore und den Inhalten gehobener Literatur. Die Antwort darauf ist, daß die deutsche sogenannte Hochkultur genau die gleichen Themen reflektiert. So kann man, zum Beispiel, eine ganze Reihe von literarischen Texten finden, welche die Toilette preisen. In diesen Lobgesängen, die man „Oden an Kommoden" (commode = Toilette, amerik.; Anm. d. Übers.) titulieren könnte, findet man beständig Ausdrücke der Wertschätzung der Toilette und der Zeit, die man darauf sitzend verbringt. Ein frühes Beispiel ist die „Ode an den Leibstuhl" von Alois Blumauer, geschrieben am späten achtzehnten Jahrhundert (Blumauer 1884: 6 − 7; Nachdruck in: Englisch 1928 b: 182 − 183; und Coturnix 1979: 111 − 112). Doch vielleicht eines der überschwenglichsten Testamente ist von niemand anderem als Bertold Brecht geschrieben worden in der 2. Szene des 1. Aktes seines Stückes *Baal* von 1918 (Brecht 1971: 13 − 14):

Orge sagte mir:
Der liebste Ort, den er auf Erden hab
Sei nicht die Rasenbank am Elterngrab

Sei nicht ein Beichtstuhl, sei kein Hurenbett
Und nicht ein Schoß, weich, weiß und warm und fett.

Orge sagte mir: Der liebste Ort
Auf Erden ihm immer der Abort.

Dies sei ein Ort, wo man zufrieden ist
Daß drüber Sterne sind und drunter Mist.

Ein Ort sei einfach wundervoll
Wo man
Selbst in der Hochzeitsnacht allein sein kann.

Ein Ort der Demut, dort erkennst du scharf:
Daß du ein Mensch nur bist, der nichts behalten darf.

Ein Ort der Weisheit, wo du deinen Wanst
Für neue Lüste präparieren kannst.

Wo man, indem man leiblich lieblich ruht
sanft, doch mit Nachdruck etwas für sich tut.
Und doch erkennst du dorten, was du bist:
Ein Bursche, der auf dem Aborte − frißt!

Erich Maria Remarques 1928 erschienener klassischer Roman
über den Ersten Weltkrieg, *Im Westen Nichts Neues,* enthält eine
ähnliche Feier einer militärischen Freiluftlatrine:

„Auf der rechten Seite der Wiese ist eine große Gemeinschaftla-
trine errichtet worden, eine bedachte und haltbare Konstruk-
tion. Aber die ist für Rekruten, die noch nicht gelernt haben,
das Beste aus dem zu machen, was ihnen bevorsteht. Wir wol-
len etwas besseres. Überallhin verstreut sind einzelne, getrennte
Kästen für den gleichen Zweck. Es sind viereckige, gefällige Kä-
sten mit hölzernen Seitenwänden und einwandfrei zufrieden-
stellenden Sitzen. An den Seiten sind Handgriffe, die es ermög-
lichen, sie umzustellen. Wir stellen drei in einem Kreis zusam-
men und setzen uns bequem hin. Und es werden zwei Stunden
vergehen, bis wir wieder aufstehen.
... Hier an der freien Luft ist das Geschäft ein totales Vergnü-
gen ... Zur Zeit fühlen wir uns besser als auf jeder stattlichen,
weißbetitelten ‚Bedürfnisanstalt'. Dort kann es nur hygienisch
sein, hier ist es schön.
Dies sind wunderbar sorgenfreie Stunden. Über uns der blaue
Himmel ... Wir lesen Briefe und Zeitungen und rauchen dabei
... Die drei Kästen stehen inmitten rotglühender Mohnblumen.
Wir nehmen den Deckel des Margarinefasses auf unsere Knie
und haben damit einen guten Skattisch ... Man könnte ewig so
sitzen bleiben." (Remarque 1958: 12 − 14.)

Rollfinke (1977: 175) merkt an, daß die Passage aus der ersten
englischen Übersetzung des Buches gestrichen wurde, wahrscheinlich aus den gleichen puritanischen Gründen, aus denen jahrzehn-
telang das Wort „shit" aus englischen und amerikanischen Wör-
terbüchern ausgelassen wurde (vgl. Mieder 1978).

44

Beim deutschen Militär findet sich besonders viel skatologische Folklore – wie zweifelsohne auch beim Militär anderer Kulturen. Laut einer Anekdote beschrifteten z. B. Offiziere ihre Latrine mit „Für die Herren Offiziere", worauf die unteren Ränge mit einer an ihrer Latrine angebrachten Aufschrift konterten: „Für die anderen Arschlöcher" (Collofino 1939: 77). Keineswegs sind hier aber nur die Militärlatrinen Deutschlands relevant. In ihrem bekannten Roman *Angst vorm Fliegen* beschreibt Erica Jong die Konstruktion einer gewöhnlichen Haustoilette. Sie protestiert gegen etwas, das sie der Deutschen „fanatische Besessenheit der Illusion von Reinlichkeit" nennt. „Wohlgemerkt Illusion, denn die Deutschen sind in Wirklichkeit nicht sauber . . . gehen Sie nur auf irgendeine deutsche Toilette und Sie entdecken eine Vorrichtung wie nirgendwo sonst auf der Welt. Sie hat eine schöne kleine Porzellanplattform, auf welche die Scheiße fallen kann damit man sie inspizieren kann, bevor sie in die wässrige Unterwelt gewirbelt wird und in der Toilette existiert tatsächlich kein Wasser, bevor Sie abziehen. Eine Folge davon ist, daß die deutschen Toiletten von allen anderen Toiletten am meisten nach Scheiße riechen. (Ich sage dies als abgehärtete Weltreisende.)" (Jong 1974: 21 – 22.

Auch wenn man die Voreingenommenheit und Giftigkeit der Darstellung einer nicht-deutschen Schriftstellerin in Rechnung stellt, bleibt die Tatsache, daß die spezifische Konstruktion deutscher Toiletten es einem Menschen nahezu unmöglich macht, seine Fäkalien nach dem Defäkationsakt nicht zu sehen. Sie liegen fest auf einem wirklichen Thron, sozusagen bereit zur Inspektion. Häufig ist die Wasserspülung unzulänglich, um die Fäkalien restlos zu entfernen, und für diesen Fall erfordert die Toilettenetikette die Benutzung einer Klobürste, die gewöhnlich auf einem kleinen Gestell in der Ecke des Badezimmers steht, um das Piedestal ordentlich für den nächsten Benutzer zu reinigen.

In einem 1939 geschriebenen Buch findet man sogar eine Klage gegen ein neues Toilettenmodell. Vom medizinischen Standpunkt aus wird behauptet (Collofino 1939: 623), daß solche Toiletten mangelhaft konstruiert seien, weil die Exkremente in den Tiefen der Toilettenschüssel verborgen seien und sich somit einer Inspektion entziehen. Der Autor bevorzugt die flachen Schüsseln, in denen man die Ausscheidungen in Augenschein nehmen kann. Alexander Kira versichert in seinem architektonisch orientierten Buch *The Bathroom,* daß das „altmodische ‚Runterspül'-WC" in weiten Teilen Europas, besonders in Deutschland, gebräuchlich ist und berichtet: „Meine Mediziner-Freunde versichern mir, daß die tägliche Examinierung der Fäkalien immer noch als gesunde und allgemeine Praxis erachtet wird, wie schon zu Plinius' Zeiten" (Kira 1976: 95).

Eine außergewöhnliche literarische Skizze des deutschen Interesses an der Beobachtung des Stuhlganges findet man in Heinrich Bölls Roman *Gruppenbild mit Dame,* der 1971 erschien. In diesem Roman, der 1972 zur Verleihung des Nobelpreises für Literatur an Böll führte, übernahm eine Nonne, Schwester Rachel, in einem Mädcheninternat die Inspektion der „Produkte jugendlicher Verdauung in fester und flüssiger Form . . . Von den Mädchen wurde verlangt, die Produkte nicht in die unsichtbaren Regionen zu spülen, bevor Rachel sie inspiziert hatte". Und diese machte Aufzeichnungen. „Von zweihundertvierzig Schultagen als jährlichem Durchschnitt ausgehend, multipliziert mit zwölf Mädchen und fünf Jahren Dienst (als eine Art klösterlicher Feldwebel) ist unschwer auszurechnen, daß Schwester Rachel statistische Aufzeichnungen und verdichtete Analysen über ungefähr achtundzwanzigtausendachthundert Verdauungsprozesse führte: ein bestürzendes Kompendium, das als skatologisches und urinologisches Dokument wahrscheinlich jeden Preis gewinnen würde" (Böll 1973: 34 – 35; eine weiterführende Erörterung der Analität in Bölls Roman bei Rollfinke 1977: 231 – 267).

Für den Fall, daß noch irgendjemand der irrtümlichen Meinung ist, die obige Passage sei eine literarische Eintagsfliege, lese er nur das Kapitel „Den Kot beschauen" in Günter Grass' Roman „Der Butt" (1979: 241 – 245), in dem sich Zeilen wie die folgende finden: „Zum Beispiel hat sich die dicke Gret als Äbtissin nicht nur die Nachttöpfe aller Novizinnen zeigen lassen; jeder Küchenjunge, der ihr zulief, mußte sich erst einmal durch gesunden Stuhlgang beweisen." Grass fährt fort und beschreibt die Freuden kollektiven Gruppenscheißens im Neolithikum: „Nach dem Hordenschiß plauderten und tratschten wir fröhlich und kollektiv erleichtert, wobei wir uns unsere Endprodukte zeigten, anschaulich rückbezügliche Vergleiche anstellten oder jene Hartleibigen neckten, die noch immer vergeblich hockten." .

Keine Diskussion der deutschen Vorliebe für Angelegenheiten wäre vollständig ohne die Erwähnung der wahrscheinlich populärsten (und beleidigendsten) Aufforderung in Deutschland: „Leck mich im Arsch". Das verwässerte englische Äquivalent „Küß meinen Arsch" spielt in der englisch-amerikanischen Umgangssprache keine vergleichbare Rolle. Zu Parallelen in anderen Sprachen (siehe Collofino 1939: 1042 – 1045; oder Schramm 1967: 145 – 156.) Es ist schwer, die Allgegenwart der Arsch-Leck-Metapher in der deutschen Kultur zu ermitteln. (Siehe dazu alle Slang-Begriffe unter „anilingere" in Borneman 1971: 35. 18.) Ganze Bücher sind der Dokumentation des Vorkommens dieser einen Beleidigung in Literatur und Leben gewidmet worden. Die Wirkung buchstäblich dutzender und aberdutzender von Sprichwörtern, Rätseln, Volksliedern, Volkssagen, Witzen, Volksgedichten u. ä. hängt von der Artikulation des „Leck mich im Arsch" (im folgenden LMIA) ab.

Der literarisch zweifellos berühmteste Bezug auf LMIA ist Goethes frühes Werk *Götz von Berlichingen,* 1773 veröffentlicht. In diesem Drama, das auf dem Leben des abenteuerlichen, einzelgängerischen Ritters früherer Zeiten aufbaut, wird der tapfere Götz von seinen Feinden schließlich eingekreist und steht kurz vor seiner Gefangennahme. Vor seinem Fenster ertönt die Aufforderung, bedingungslos zu kapitulieren. Seine berühmte Antwort: „Sag deinem Hauptmann: Vor Ihre Kayserliche Majestät habe ich, wie immer, schuldigen Respekt. Er aber, sag's ihm, kann mich im Arsch lecken!" Spricht's und schlägt das Fenster zu. Diese Szene ist in die Köpfe der deutschen Intelligentsia so unauslöschlich eingebrannt, daß man nur auf das Götz-Zitat Bezug zu nehmen braucht, um die betreffende Geste heraufzubeschwören (Goethe 1965: 84; Schramm 1967: 16).

Dank der Berichte von G. M. Gilbert, einem deutschsprechenden amerikanischen Nachrichtenoffizier, der bei den Nürnberger Prozessen gegen die Nazi-Kriegsverbrecher als Gefängnispsychologe arbeitete, haben wir ein bemerkenswertes Beispiel des Götz-Zitats für das zwanzigste Jahrhundert. Gilbert wohnte fast täglich den gemeinsamen Tischgesprächen der angeklagten Nazigrößen bei und besuchte jeden der Angeklagten in seiner Zelle; gleich danach schrieb er Berichte über die Gespräche. Bei einem dieser Tischgespräche machte Hermann Göring, ehemals Reichsmarschall und Luftwaffen-Oberbefehlshaber wie auch Reichspräsident, seinem Ärger über die gegen ihn und andere Angeklagte aufgebotenen Nazi-Zeugen Luft. Hier Gilberts Bericht: „Sie werden es nicht erleben, daß ich solch einem Schwein irgendwelche Fragen stelle!" antwortete Göring, wandte sich den Zuhörenden zu und sagte laut, mit der Faust auf den Tisch schlagend: ‚Verdammt nochmal, ich wünschte, wir alle hätten den Mut, unsere Verteidigung auf drei einfache Worte zu beschränken: Leck meinen Arsch! Götz war der Erste, der das sagte und ich werde der Letzte sein!' Mit Genuß wiederholte er die vorgeschlagene Verteidigung, erzählte, wie Götz es gesagt hatte, wie es ein anderer General gesagt hatte und wie er es sagen würde" (Gilbert 1947: 113).

Obwohl Goethes Erwähnung des LMIA die wohl bekannteste literarische Anspielung ist, ist es keineswegs die früheste. In Grimmelshausens *Simplicius Simplicissimus* aus dem Jahre 1669, also hundert Jahre vor Goethes klassischem Stück, finden wir eine Reihe drastischer „Fallbeispiele". Bauern haben sechs Landsknechte gefangengenommen. Die sechs werden angewiesen, sich hintereinander zu stellen. Die Bauern erschießen den ersten, doch erreicht die Kugel, nachdem sie fünf Körper durchlöchert hat, nicht den sechsten. Die Bauern schneiden dem sechsten Nase und Ohren ab „nachdem er gezwungen wurde, die Hintern" der anderen fünf „zu lecken". Daraufhin begraben die Bauern den überlebenden Söldner bei lebendigem Leibe.

Gleich darauf nähert sich eine weitere Gruppe von Landsknechten. Sie erschießen alle Bauern, bis auf fünf, die sie gefangennehmen und retten ihren vergrabenen Kameraden. „Unter den Gefangenen waren vier, denen vor kurzer Zeit der verstümmelte Reiter hatte auf schimpfliche Art huldigen müssen." Die Söldner beratschlagen, was mit den Gefangenen zu tun sei.

Schließlich trat ein Söldner vor und sagte: „Meine Herren, da es
für das ganze Soldatentum eine Schande ist, daß dieser Schuft
(und er zeigte auf den Reiter) von fünf Bauern so schrecklich
gequält wurde, ist es nur gerecht, daß wir diesen Makel dadurch
auslöschen, daß diese Schurken den Reitersmann hundertmal
lecken" . . . Schließlich stimmten alle überein, daß jeder der
Bauern, die der Reiter gesäubert hatte, dieses an zehn Söldner
wiedergutmachen sollte und dabei sagen sollte: „Hiermit lösche
ich die den Soldaten angetane Schande, als einer von ihnen un-
sere Hintern leckte!"

Als sich die Bauern weigern zu lecken, werden sie über einen
Baumstamm gebunden „so daß ihre Hintern nach oben wiesen".
Sie werden geschlagen „bis der rote Saft lief". „Das ist die Art",
sagten die Soldaten, „wie eure gereinigten Hintern ausgetrocknet
werden, ihr Schufte" (Grimmelshausen 1964: 40 – 41).
    Dies ist nicht die einzige Erwähnung des LMIA im *Simplicius.*
An anderer Stelle triumphiert der Erzähler-Held über seinen Wi-
dersacher, den er beim Schafestehlen erwischt. Der Gegner hat
Angst. „Er füllte seine Hosen so randvoll, daß es niemand neben
ihm aushalten konnte." Der Bauer, Besitzer der Schafe, hatte diese Antwort für die Räuber: „Zur Hölle mit ihnen, sollen sie meinen Hintern und den meiner Schafe lecken!" Und so wird der be-
siegte Feind gezwungen, „drei Schafe – so viele wie sie vorhatten,
zu stehlen – auf den Hintern zu küssen." Der Feind, dem man
viel später im Roman begegnet, bezog sich auf diese Tat als „die
erniedrigendste Schande auf der Welt" (Grimmelshausen 1964:
175, 296).
    Es hätte wenig Zweck, noch viele literarische Beispiele für
LMIA aufzulisten, doch sollen einige beispielhafte Illustrationen
der LMIA-Folklore dazu dienen, auf das Wesen der Tradition
hinzuweisen. Hier eine Fangfrage: „Was können Sie, ich aber
nicht" „Mich im Arsch lecken" (Krauss und Reiskel 1905: 52; Polsterer 1908: 169). Oder: „Warum hat der Hase vorn kürzere und
rückwärts längere Füße?" „Daß man ihn leichter im Arsch lecken
kann" (Krauss und Reiskel 1905: 41). Unter den zahlreichen Witzen um das LMIA ist einer, den ich von einem deutschen Volks-

kundler habe, der an einer internationalen Tagung im August 1979 in Edinburgh teilnahm: Zwei Freunde treffen sich. Der eine bittet den anderen, ihm Einsteins Relativitätstheorie zu erklären. „Das ist ganz einfach", sagt der andere. Er läßt seine Hose runter und fordert den Fragesteller auf, dessen Nase in seinen Arsch zu stecken. „Siehst Du, jetzt hast Du Deine Nase in meinem Arsch. Wir beide haben eine Nase im Arsch, aber ich fühle mich relativ gut und Du Dich relativ schlecht." (Bei einigen Versionen des Witzes erwidert der Angeschmierte: „Und so hat Einstein seinen Lebensunterhalt verdient?")

LMIA ist in Deutschland dermaßen populär, daß es einerseits traditionelle Formeln der Abschwächung seines Gebrauches hervorgebracht hat, aber auch Formeln der Reaktion auf die berühmte Aufforderung. Eine Formel beinhaltet z. B. die Bitte um ewige Freundschaft (Kühlewein 1909: 401; Collofino 1939: 842):

Leck mich am Arsch und bleib mein Freund,
Bis dir die Sonn' in's Arschloch scheint.

Einer der traditionellen schlagfertigen Antworten auf die LMIA-Aufforderung ist: „Ich lecke keine Sau (oder Hund) am Arsch" (Godelück 1906: 142).

Es stellt sich die Frage, ob LMIA tatsächlich vorkommt oder nicht, und falls dies bejaht wird, mit welcher Häufigkeit. Ein Chronist beschreibt einen Modetanz des sechzehnten Jahrhunderts, „bei dem die männlichen Tänzer wollüstig die entblößten Hintern ihrer Partnerinnen leckten" (Schalk 1971: 329). Ein traditionelles Rätsel jedoch legt nahe, daß LMIA relativ selten praktiziert wird (Schlicktegroll 1909: 9; vgl. Krauss und Reiskel 1905: 57):

Das erste ist der Schiffe Feind,
Das zweite stets mich selber meint.
Das dritte ist Präposition,
Das vierte schmückt jedweden Thron.
Das ganze wird sehr oft begehrt
Doch selten wird es nur gewährt.

Es ist insofern schwierig, die Häufigkeit des Vorkommens von Analinctus aus Folkloretexten allein festzustellen, weil viele der Anspielungen ironisch gemeint sein können und auch nicht offen ausgesprochen werden. (Zur Diskussion der Variationen in Gebrauch und Nuancen der LMIA-Redensart sieht Zintl 1980). Arschlecken impliziert natürlich Scheißeessen, und es ist die Verwechslung des Oralen und Analen, welche die äußerste Erniedrigung darstellt (Waldheim 1910: 405):

Wer Scheiße frißt, der ist ein Wicht
ein feiner Mann frißt Scheiße nicht.

Falls es stimmt, daß die Deutschen eine Vorliebe für anale Metaphern haben, wie weit ist diese Neigung dokumentiert und analysiert worden? Da die Deutschen aus ihrer Folklore und Literatur kein Geheimnis machen, ist es schwer, diese Facette des deutschen Nationalcharakters nicht zur Kenntnis zu nehmen. Dennoch habe ich den Eindruck, daß der Großteil der von Philosophen, Politikwissenschaftlern und Historikern geschriebenen wissenschaftlichen Abhandlungen über die deutsche Kultur skatologische Themen oder Vorleben überhaupt nicht erwähnt. Gelegentlich haben sich jedoch populäre Bücher des Themas angenommen (z. B. Vetten 1983). Manchmal sind diese Bücher von Nicht-Deutschen geschrieben oder von Deutschen, die für Nicht-Deutsche schreiben. Es wurde auch schon öfters darauf hingewiesen, daß Deutsche anale Anspielungen genitalen vorziehen. So bemerkt zum Beispiel Paul Oppenheimer in einer Einleitung zu einer englischen Übersetzung von *Till Eulenspiegel* aus dem Jahre 1972, „daß während Eulenspiegel Sexualität und Liebe ignoriert, er Freude an Scheiße hat. In vielen seiner Abenteuer benutzt er entweder seine eigenen oder anderer Menschen Exkremente als Waffe, als Instrument der Rache oder als Mittel zur Herstellung peinlicher Situationen. In Kapitel 24 bekommt er vom König von Polen den Titel des Meisters der Possenreißer verliehen, da er seine eigenen Exkremente mit einem Löffel ißt; in Kapitel 91 erniedrigt er einen zwielichtigen Priester, indem er ihn nötigt, seine Hände in durch Münzen verdeckte Exkremente zu stecken ... Der springende Punkt ist

Abb. 5: Die Scherze des Till Eulenspiegel sind nicht selten
fäkalischer Art — in vielen Episoden hinterläßt er sein
„Markenzeichen"

hier jedoch, daß ... Eulenspiegel Freude an menschlichen Exkremente hat, und das bis zum Ausschluß von Sexualität und Liebe" (1972: XX – XXI. Zur Begründung der Theorie, daß der Name Till Eulenspiegel Ausdrücken der Bedeutung „Leck mich im Arsch" entstamme, (siehe Collofino 1939: 1048). Die kontroverse Theorie, zuerst von Ernst Jeep gegen Ende des neunzehnten Jahrhunderts vorgetragen, gibt zu verstehen, daß der Anfangsteil des Namens der Person von „ulen" stammt, was soviel bedeutet wie wischen oder reinigen, und daß „spiegel" sich auf den hinteren anatomischen Teil bezieht; (Jeep 1896: 273 – 275). Diese vorgeschlagene Bedeutung von ‚Arsch-Wischen' wird durch die moderne deutsche Umgangssprache bestätigt (Borneman 1971) und wäre sicherlich der Häufigkeit analer Abenteuer im Eulenspiegel-Zyklus angemessen. Wir fingen eine ähnlich ausgedrückte Empfindung im Übersetzerkommentar zu Wittenwilers Bauernsatire des epischen Lebens aus dem fünfzehnten Jahrhundert, *The Ring:* „Während alle Ausscheidungsfunktionen offen erörtert werden, sind normalerweise Reproduktionsorgane und -funktionen durch Ersetzungen und Umschreibungen dargestellt" (Wittenwiler 1956: 155). Diese Vorliebe können wir bis ins zwanzigste Jahrhundert verfolgen. Der österreichisch-jüdische Schriftsteller Jakov Lind verkleidete sich während des Zweiten Weltkrieges als Holländer und hielt sich mutig in Deutschland als Kanalschiffer versteckt. Auf einem Schiff war der Kapitän ein alter Mann in den Siebzigern, namens Bacher. In seiner Autobiographie, *Counting My Steps,* erzählt Lind folgende Episode seines Lebens im Jahre 1944: „Bacher, dessen Hände unentwegt zitterten, war ein lauter, zorniger alter Mann, der in keinem Satz das Wort Scheiße ausließ, und das trotz der Tatsache, daß ihn seine Frau vorwurfsvoll erinnerte, ‚Aber Eduard, ist das denn nötig?' " Lind arbeitete manchmal zu langsam, was sofort Beschimpfungen dieser Art nach sich zog:

„Heb deine Füße, du Scheißkerl, du Scheiß-Holländer, ein bißchen schneller, du Arschloch, du holländischer Schweinehund."
(Er hatt keine Ahnung, daß ich auch ein Saujude war. Hätte er das gewußt, würde er mich mit seinen eigenen Händen über Bord gestoßen haben – er wußte, daß ich nicht schwimmen konnte.) Unser Streit hörte nie auf. Und als sich der Krieg zu unseren Gunsten wendete, wurde ich selbstsicherer und ließ mich einmal dazu hinreißen, das Beleidigendste, was man einem Deutschen sagen kann, zu äußern: ‚Leck mich am Arsch.' Anders als der Rest der Welt, haben die Deutschen keine Verwendung für den Ausdruck „fucking". Das Wort „Ficken" kann nur gebraucht werden, wenn es sich um genau dies handelt. Was von Angelsachsen als schmutzig und daher beleidigend empfunden wird, bedeutet den Deutschen nichts. Wirklicher Dreck ist für sie alles, was mit dem Hinterteil, Fäkalien und dem Anus zu tun hat. Deshalb sind Worte wie Arsch,

53

Scheiße, Arschloch und ,Leck mit am Arsch' effektive und ernsthafte Beleidigungen." (Lind 1969: 126 – 127)

Auf ähnliche Weise stellt George Bailey in seinem Buch *Germans* fest: „Es ist häufig darauf hingewiesen worden, daß sich deutsches Fluchen stark auf das Fäkalische – Klugscheißer; eine Situation ist ,beschissen' – und Skatologische beruft, und das bis zum fast totalen Ausschluß des Sexuellen" (Bailey 1972: 128).

Adolph Schalk, amerikanischer Sohn seiner aus Österreich eingewanderten Mutter, schreibt in seinem 1971 veröffentlichten Buch über die Deutschen folgendes:

Für viele Amerikaner schockierend ist die Direktheit der Deutschen bezüglich natürlicher Prozesse. Statt des diskreten „Waschraum" oder „Schminkraum" (i. Orig.: ,powder room'; d. Übers.) benutzen die Deutschen geradeheraus Toilette oder WC (genau: Wasserklosett, und im Zweiten Weltkrieg eine respektlose Anspielung auf Winston Churchill). Statt Bilder ihrer nackten Babies zu zeigen, wie es Amerikaner zu tun gewöhnt sind, halten es strahlende deutsche Eltern für lustig und angemessen, Schnappschüsse ihrer auf dem Topf sitzenden Kleinen zu zeigen. (Schalk 1971: 51).

In der deutschen Folklore gibt es reichlich Hinweise, die die Behauptung stützen, daß genitale Angelegenheiten im allgemeinen durch anale Äquivalente ausgedrückt werden. Betrachten wir, zum Beispiel, folgende aphoristische Klage:

> *Alte Jungfern sagen von den Männern:*
> *Sie sind wie Eisenbahn-Klos:*
> *Entweder besetzt oder beschissen.*

Hier ein typischer Witz in süddeutschem Dialekt, der explizit auf die Möglichkeit des Ersatzes genitaler durch analer Aktivität anspielt (Anon. 1968: 172):

„Guat geschissen ist halbat gvöglt" – auch ein schöner Stuhl-
gang hat sein Angenehmes – , sagt der Knecht zum Bauern.
Der Bauer: „Scheiß halt nohmal, na hast gevöglt und laßt meini
Menscher in Ruah!"

Doch ist es nicht die Äquivalenz analer und genitaler Akte, die in
diesem Kontext von Interesse ist. Vielmehr ist es das Bevorzugen
des Analen gegenüber dem Genitalen, ein ästhetisches Urteil, das
wiederum die Deutschen in ihrer Folklore selbst gefällt haben. Betrachten wir das folgende enthüllende Reimpaar (Waldheim 1910:
404):

> Gut scheißen das kann sehr beglücken
> vielmehr noch als manchmal das Ficken.

Diese eindeutige Formel zeigt noch einmal, wie die Folklore auf
direkte und unzensierte Weise Weltanschauungen zum Ausdruck
bringt. In diesem Fall zeigt die Folklore, daß die Vorstellung, daß
Deutsche anales Vergnügen auf die gleiche Stufe mit genitalem
Vergnügen stellen könnten, wenn sie es nicht gar höher einschät-
zen, nicht nur die unbegründete Spekulation eines Theoretikers
aus einer anderen Kultur ist. Ein interessantes Volkslied aus Westfalen aus der Zeit vor dem Ersten Weltkrieg liefert eine dramati-
sche Bestätigung dieser Tendenz (Schnabel 1970: 39 – 40):

> Des Mädchens Klage
>
> Es sitzt bei fahlem Mondenschein
> Allein in ihrer Kammer
> Die schönste Jungfrau, tugendrein
> Und ringt die Händ voll Jammer.
> Ach, Gott, schluchzt sie, ach;
> wär ich tot,
> Ich wollte mich nicht grämen;
> Doch was mir heut tat ein Fallot
> Darob muß ich mich schämen.

Da kommt der Kerl zu mir herein,
Die Tür war nicht verschlossen;
Ich hätte können zwar mal schrein
Doch hats mich grad verdrossen.

Er küßte mich gar glühend heiß,
und kroch zu mir ins Bettchen,
Er gab mir süße Namen, leis',
Spielt er mir an dem Gröttchen.

Ich armes Ding, ich dulde still –
Und leg mich in Parade:
und denk, ich tue, was er will,

Schon ist sein Schwanz gerade.
Da plötzlich steht er auf im Bett,
Mein Loch fängt an zu beißen,
Ich halt es hin, so wonnig nett,
Doch ei, er tut – drauf scheißen.

Manchmal geht es weniger um die Bevorzugung des Analen vor dem Genitalen als vielmehr um eine Kombination beider Aspekte. In der deutschen Kunst und im deutschen Denken spielen die Hinterbacken eine bedeutende Rolle. Von der körperlichen Züchtigung bis zur richtiggehenden Flagellation finden wir eine endlose Zahl von Bildern des Hinterteils. Die Dokumente für diese Behauptung reichen von Postkarten und moderner Werbung (Rollfinke 1977: 15, 19) bis hin zu Karikaturen und Sammlungen „erotischer" Photographien. Es genügt ein flüchtiges Durchblättern von Ernst Schertels vierbändigem *Der Flagellantismus als literarisches Motiv* (1929 – 1932); Alfred Kinds *Die kallipygischen Reize* (1950) oder *Dir gehört der Arsch versohlt: Die erotische Freude am Popoklatschen* (1979), letzteres im wesentlichen eine Reihe Photos der Jahrhundertwende, auf denen nackte Hintern geschlagen und gepeitscht werden, um ausreichende Demonstration dieser Vorliebe zu finden. Das Spiel „Schinkenklopfen", weiter oben beschrieben, ist Teil dieses Musters.

In diesem Licht kann man einen Brief des gefeierten Aphoristen Georg Christiph Lichtenberg (1742 – 1799) verstehen, der die Qualitäten der Hinterbacken preist. Dieser an Georg Heinrich Hollenberg adressierte Brief mit dem Datum vom 23. September 1788 enthält eine entzückende Mitteilung von Lichtenberg an ein Patenkind, die fast ausschließlich aus einer Liste der grundlegenden Funktionen des Pos besteht. Er ist dazu da, um bei Ungezogenheit versohlt zu werden, wenn man fällt, läßt sich gut auf ihm landen und er ist unentbehrliches Kissen zum bequemen Sitzen. Dem fügt Lichtenberg eine vierte Funktion hinzu: Wenn ein widerlicher Kerl sich abfällig über dich äußert und er nicht den Mut hat, sich dir zu stellen und du ihn nicht ohrfeigen kannst, öffne hinten deinen Rock und zeige ihm deine Schinken. (Lichtenberg 1959: 181 – 182)

Das deutsche Vergnügen an der Defäkation scheint so groß zu sein, daß es zu öffentlichen Aufführungen oder Pantomimen dieses Aktes gekommen ist. Der berühmte Künstler und Karikaturist George Grosz nahm an einem Protestabend in einer Berliner Galerie im Februar 1918 teil. Vermutlich trug Grosz „einen obszönen Steptanz" vor, „bei dem er sich pantomimisch vor einem Lovis Corinth-Gemälde erleichterte – ‚Kunst ist Scheiße'" (Lewis 1971: 57). Ein Bericht über das deutsche Nachtleben während des Zweiten Weltkriegs (Bailey 1972: 128) bemerkte, daß die „Striptease-Tänzerinnen und verschiedene andere Tanzmädchen . . . häufig Sex mit Obszönität verwechseln, das Erotische mit dem Fäkalischen, und Bewegungen vollführten, die weniger Kopulation als Defäkation andeuten." 1969 zog sich ein junger Mann an der Universität Wien vor seiner Zuhörerschaft aus. Darauf urinierte er, trank den Urin aus seiner Hand und übergab sich. Als Finale wandte er dem Publikum sein Hinterteil zu und entleerte seinen Darm. „Dann schmierte er die Exkremente auf seinen Körper, während er dazu eine freche Interpretation der Österreichischen Nationalhymne sang" (Rollfinke 1977: 8, zitiert nach Jurreit 1969). Selbst in den avantgardistischsten Theatern der Vereinigten Staaten kann man sich eine solche Aufführung nur schwer vorstellen. Es soll betont werden, daß dieses letzte Beispiel keineswegs einmalig ist. Es war offensichtlich Teil einer ganzen „Bewegung", „Aktionismus" genannt, bei der Künstler und Schauspieler den verschiedensten „Ekel-Orgien" frönten, von denen viele gewissenhaft für die Nachwelt auf Film festgehalten wurden. Ein außergewöhnlicher Katalog mit den freimütigsten Photos von Defäkationsakten, dem Verschmieren von Fäkalien auf sich selbst und andere und LMIA, die man sich vorstellen kann, sowie einer Liste der zahlreichen Kunstfilme, die von diesen „Happenings" gemacht wurden, dokumentiert diese Tradition im Detail (vgl. Weibel 1970: 43, 85 – 86, 129, 177, 200). Man wird an Montaignes Kommentar gegen Ende seiner *Essays* (1927: 2: 559) erinnert: „Jede Nation hat viele Gewohnheiten und Gebräuche, die einer anderen Nation nicht nur befremdend, sondern erstaunlich und barbarisch vorkommen."

Wenn man der zeitgenössischen deutschen Kultur eine Fülle fäkalischer Metaphern zugesteht, stellt sich die Frage, wie weit sich diese Vorliebe zurückverfolgen läßt. Besteht das deutsche Interesse an Scheiße schon seit langer Zeit? In einem Essay, der für sich in Anspruch nimmt, die zwei ältesten Stücke der Skatologie in der deutschen Literatur zu erörtern, erwähnt Leonhardt (1911) eine Legende aus dem 10. Jahrhundert, die sich mit dem Furzen befaßt und ein Epos aus dem 12. Jahrhundert, „Salomon und Morolf", mit ausführlichen Passagen eines verbalen Duells über Exkremente. (Eine weitere Erörterung von Salomon und Morolf siehe bei Collofino 1939: 837 – 841.) Wir können eine gewisse Vorliebe für Anal-Themen also mindestens tausend Jahre zurückverfolgen.

Aus Tacitus' *Germania,* geschrieben im Jahre 98 A. A., erfahren wir, daß die Völker Deutschlands „die Gewohnheit" haben, „unterirdische Gruben auszuheben, die sie mit Dunghaufen bedecken" (Tacitus 1970: 115). Diese Bunker dienten sowohl als Schutz vor dem Winter als auch als Speicher für Produkte. Sie dienten jedoch auch als Zufluchtstätte vor drohenden Eindringlingen, weil die versteckten Aushöhlungen entweder nicht bekannt waren oder ohne Suche unentdeckt blieben. Der Gedanke Mist als eine Form der Verteidigung zu benutzen, fand genaueren Ausdruck bei der Errichtung von Festungswerken. In Grimmelshausens Roman von 1669 finden wir Anspielungen auf Mistanhäufungen als einer Methode des Verschanzens (Grimmelshausen 1964: 14, 49).

Man kann nachweisen, daß sich die „schützenden Kräfte" des Dungs auch in der medizinischen Praxis niederschlagen. Er wurde gewöhnlich in einer Vielfalt von Heilverfahren angewendet. Das Hauptland der sogenannten Dreck-Apotheke war natürlich Deutschland. Ein Standardwerk war Franz Christian Paullinis *Heilsame Dreck-Apotheke,* das 1696 in Frankfurt veröffentlicht wurde. „Dreckfresser sind wir alle" beobachtete Paullini (Englisch 1928: 10 – 11), und zwar deshalb, weil die meisten Nahrungsmittel und Früchte mit Mist gedüngt sind und viele Tiere, die wir essen (Fische, Hühner usw.) Fäkalien gefressen haben. Der Glaube an die Wirksamkeit der Dreck-Apotheke, die sowohl äußerliche wie auch innerliche Anwendung fand, hat sich über viele Jahrhunderte gehalten. Ein Bericht über die traditionelle Medizin, im Jahre 1877 veröffentlicht, beinhaltete z. B. die Erwähnung der „Goldsalbe", die aus frischen menschlichen Fäkalien bestand und auf Abszesse, insbesondere die kranken Brüste einer Frau im Kindbett, aufgetragen wurde. Eine Notiz stellt explizit fest, daß dies ein weitverbreiteter Brauch war (Schüz 1877: 273). Fäkalien dienten also nicht nur als Befestigungsmaterial für die Wohnstätten, sie sollten auch den Leib vor Krankheiten schützen. (Eine Auswahl volksmedizinischer Praktiken der Anwendung von Fäkalien siehe unter dem Stichwort „Kot" in Hoffmann-Krayer und Bächtold-Stäublis *Handwörterbuch des deutschen Aberglaubens.)*

Die naturwissenschaftliche und auch die Volksmedizin in Deutschland reflektieren dieses Muster. In Deutschland wurde z. B. im achtzehnten Jahrhundert eine seltsame Theorie von einem Arzt namens Johann Kämpf vorgetragen. Gemäß Kämpfs „Doktrin des Infarctus" bestand die wichtigste Ursache menschlicher Krankheiten in einer Verklemmung der Fäkalien. Die Heilmethode stützte sich auf die damals beliebte Mode der Klistiere und Einläufe (Friedenswald und Morrison 1940: 244). Deutsche Beiträge auf diesem Gebiet bewegen sich zwischen G. Friedrich Hildebrandts dreibändiger *Geschichte der Unreinigkeiten im Magen und den Gedärmen* (1790) und dem Experimentieren mit Zäpfchen, die Substanzen wie Kakaobutter, Glyzerin und Olivenöl (Diepgen 1953: 26) enthielten. Eine der Geschichte des Klistiers gewidmete Untersuchung behauptet: „Von einem röntgenologisch undurchsichtigen Klistier wurde zuerst in Deutschland Gebrauch gemacht" (Montague 1934: 458). Von beiläufigem Interesse mag ebenfalls sein, daß, obwohl es auch nur ein zufälliges Zusammentreffen sein kann, viele der Abhandlungen über Klistiere, Abführmittel, Zäpfchen und ähnliches in deutsch geschrieben wurden (vgl. Diepgen 1953; Kahl und Ehler 1970; Schertel 1976; und Zglinicki 1972).

Doch gibt es weit bessere Belege für das langwährende Interesse der Deutschen an Scheiße als gelegentliche Berichte über Befestigungsanlagen aus Mist und kuriose Einzelheiten aus der Medizingeschichte. Man braucht nur das Leben und die Schriften einiger großen Geister der deutschsprachigen Welt im Laufe der Jahrhunderte zu untersuchen. Wenn so etwas wie ein deutscher Nationalcharakter existiert, dann könnte man logischerweise erwarten, daß die führenden Persönlichkeiten der deutschen Kultur diesen Charakter verkörpern. Wir können zwar endlos über den Nationalcharakter daherreden, der endgültige Test der Gültigkeit des Konzeptes liegt doch in individuellen Fallgeschichten. Aus diesem Grund konzentriere ich mich hier auf einige der vielen Menschen, die sich in der deutschsprachigen Welt ihren Weltruf erworben haben.

Martin Luther (1483 – 1546) bietet ein ziemlich eindrucksvolles Beispiel aus dem frühen sechzehnten Jahrhundert. Es war sicherlich kein Zufall, daß seine kritische Eingebung, individueller Glaube sei wichtiger als päpstliches Dogma, eine Vorstellung, die zur prostestantischen Reformation führte, ihm gerade in dem Augenblick vom Heiligen Geist eingegeben wurde, als er in einem Turm auf dem Klo saß. Diese Episode der „Offenbarung im Turm" wie auch Luthers häufiger Rückgriff auf skatologische Metaphern, haben sich seit langer Zeit als Quelle der Peinlichkeit für konservative Theologen erwiesen. Luthers auffällige Analität ist ausreichend dokumentiert und diskutiert worden von Erik H. Erikson in *Der junge Mann Luther* und Norman O. Brown in *Life Against Death*. Ein Vergleich der zwei Analysen bei Domhoff (1970.) Luthers häufige Begegnungen mit dem Teufel hatten einen unmißverständlich analen Charakter. Das Gesicht des Teufels war ein Anus und angeblich zeigte der Teufel Luther seinen Hintern oder furzte auf ihn. Norman Brown kommentiert: „Gemäß der Passagen, die zu zahlreich sind, um zitiert zu werden, ist Luthers üblichster Ausdurck für die Angriffe des Teufels das häßliche deutsche Verb ‚bescheißen'" (1959: 208). Luther bekämpfte Feuer mit Feuer, und seine Antworten an den Teufel beschlossen das unvermeidliche LMIA mit ein. Er sagte dem Teufel einmal, er solle „in seine Hosen scheißen und sie sich um den Hals hängen". Zusätzlich drohte der ihm damit, ihm ins Gesicht zu scheißen oder ihn sich in den Arsch zu stecken, wo er hingehöre (Brown 1959: 208). Was die Beschreibung des Arsches als Gesicht anbelangt, sollte angemerkt werden, daß sich diese Metapher in der deutschen Folklore gehalten hat. Typischerweise wird auf den Hintern als nasenloses Gesicht Bezug genommen, z. B.: „Leck mich, wo ich keine Nase habe" (Godelück 1906b: 142). Luthers *Tischgespräche* enthalten zahlreiche anale Anspielungen, wie etwa „Ich bin wie reife Scheiße, und die Welt ist ein riesiges Arschloch. Wahrscheinlich werden wir bald voneinander lassen" (Erikson 1958: 206; wegen einer allgemeinen Erörterung von Luthers Auffassung vom Teufel siehe Klinger 1912: 18 – 47). Es besteht kein Zweifel, daß Luther Freude an solch erdiger Mundart hatte und in einer Sammlung von 489 Sprichwörtern, die er selbst um 1530 zusammentrug, waren einige dutzend, die anale Aktivitäten besonders erwähnen. Zum Beispiel zeichnete er eine eindrucksvolle Metapher auf, die das Ultimative an nutzlosem Bemühen darstellt: „Todten scheißen tragen" (Thiele 1900: 253). Einen Leichnam auf einen Nachttopf zu positionieren, dürfte sich gewiß als unnütze und dumme Zeitverschwendung erweisen.

Luthers Hang zu analen Metaphern ließ ihn auch den Papst und andere Mitglieder des katholischen Kirchenestablishments in skatologischen Begriffen beschreiben; dies war zu seiner Zeit wohlbekannt. Und tatsächlich wurden einige Kritiker Luthers manchmal inspiriert, auf gleiche Weise zu antworten, zum Beispiel Sir Thomas More (1478 – 1535), von der Römisch-Katholischen Kirche erst 1935 heiliggesprochen und wahrscheinlich am ehesten bekannt durch sein Werk *Utopia* (1516), sowie für seine unnachgiebige Weigerung, die Scheidungspläne Heinrichs VIII. gutzuheißen. Unter Mores weniger bekannten Arbeiten ist sein scharfes

Responsio ad Lutherum, das 1523 als eine Antwort auf den Angriff Luthers – dem *Contra Henricum regem angliae* – im vorausgegangenen Jahr auf Heinrich VIII. gemünzt war. Mores Responsio enthält Passagen wie die folgenden: „Denn so lange sich Ihre verehrungswürdige Urheberschaft entschließt, diese schamlosen Lügen zu verbreiten, wird es anderen gestattet sein, anstelle Ihrer Englischen Majestät, in Ihrer Urheberschaft beschissenes Maul, gewiß der Scheißpfuhl aller Scheiße, all jenen Dreck und Scheiße, die Ihre verdammungswürdige Niederträchtigkeit erbrochen hat, zurückzustopfen, sowie alle Kloaken und Aborte auf Ihrem Kopf zu entleeren, der jeder Würde der priesterlichen Krone beraubt ist, gegenüber nicht weniger als der königlichen Krone gegen die Sie sich entschlossen haben, den Possenreißer zu spielen." Dieser Schmähschrift folgt eine Schein-Abbitte an den Leser: „Ihr Sinn für Gerechtigkeit, ehrenwerter Leser, wird mir vergeben, daß die entschieden dreckigen Worte dieses Lumpen mich dazu zwangen, solcherart Sachen zu antworten, für die ich Ihre Erlaubnis hätte einholen sollen. Für wahrer als wahr halte ich jetzt das Sprichwort: ‚Wer Pech angreift, besudelt sich.' Denn ich schäme mich für die Notwendigkeit, daß während ich das scheißgefüllte Maul dieses Kerls säubere, meine eigenen Finger voll Scheiße sind" (More 1969: 311 – 313).

Man ist versucht, festzustellen, daß sogar im sechzehnten Jahrhundert die Engländer eher dazu neigten, sich für den Gebrauch skatologischer Metaphorik zu entschuldigen als die Deutschen. Ich weiß nicht, ob Luther sich jemals für die kräftigen analen Begriffe gegenüber seinen Kritikern aus der Kirche entschuldigte.

Obgleich Luthers skatologische Vorlieben bekannt sind, wurden sie noch nicht im Zusammenhang mit dem deutschen Nationalcharakter gesehen. Eriksons Interesse an Luther galt der Identitätskrise des Jugendlichen, während Brown Luther in eine Anzahl von Beispielen dessen einreiht, was er als „exkrementelle Vision" bezeichnet, die angeblich der westlichen Zivilisation, insbesondere dem Kapitalismus und Protestantismus, zugrunde liegt. Weder Erikson noch Brown ziehen Rückschlüsse aus der Tatsache, daß Luther Deutscher ist. Gaston Vorberg, der eine kurze Abhandlung über logische Ausdrucksweise schrieb, gab zu verstehen, daß trotz der damaligen allgemeinen Tendenz, sich in solchen Metaphern zu ergeben, Luthers wiederholte, auch geprägte Angriffe exzessiv waren und eine Besonderheit seiner Persönlichkeit reflektieren. Ohne Luthers Genialität schmälern zu wollen möchte ich behaupten, daß Luther in Übereinstimmung mit damals – und noch heute – üblichen allgemeinen Verhaltensmustern des deutschen Nationalcharakters handelte. Wenn Luthers skatologische Neigungen in gewissem Sinne als typisch für das sechzehnte Jahrhundert gelten können, gibt es dann ein Beispiel für die gleiche Tradition im siebzehnten Jahrhundert? Glücklicherweise hat eine höchst faszinierende Frau, Elisabeth Charlotte von der Pfalz (1652 – 1722) unschätzbare Aufzeichnungen und Korrespondenzen hinterlassen. Unter ihrem Rufnamen Liselotte bekannter, heiratete sie den Brunder Ludwigs XIV. und verbrachte den größten Teil ihres Lebens in Frankreich. Nichtsdestoweniger hielt sie beharrlich an ihrer deutschen Identität fest und unterhielt eine umfangreiche Korrespondenz mit deutschen Freunden und ihrer Familie. Obgleich sie Angehörige des Adels war, strotzen ihre Briefe von drastischen Schilderungen verschiedener Körperfunktionen. Ein Brief, in Fontainebleau an ihre Tante geschrieben, die Gattin des Kurfürsten von Hannover, mit dem Datum vom 9. Oktober 1694 (Coturnix 1979: 126 – 127; vgl. Bibliotheca Scatologica 1970: 19 – 20) soll als Illustration ihres unnachahmlichen Abhandlungsstils dienen. Der Brief ist aus vielen Standardausgaben der gesammelten Briefe Liselottes entfernt worden.

Sie sind in der glücklichen Lage, scheißen gehn zu können, wann Sie wollen, scheißen Sie also nach Belieben. Wir hier sind nicht in derselben Lage, hier bin ich verpflichtet, meinen Kackhaufen bis zum Abend aufzuheben; es gibt nämlich keinen Leibstuhl in den Häusern an der Waldseite. Ich habe das Pech, eines davon zu bewohnen und darum den Kummer, hinausgehen zu müssen, wenn ich scheißen will, das ärgert mich, weil ich bequem scheißen möchte, und ich scheiße nicht bequem, wenn sich mein Arsch nicht hinsetzen kann. Dazu wäre noch zu bemerken, daß uns jeder beim Scheißen sieht: Da laufen Männer,

Frauen, Mädchen und Jungen vorbei, Pfarrer und Schweizer-
garden können einander zusehen; nun, kein Vergnügen ohne
Mühe und wenn man überhaupt nicht scheißen müßte, dann
fühlte ich mich in Fontainebleau wie der Fisch im Wasser.
Es ist äußerst betrüblich, daß meine Freuden von Scheißhau-
fen behindert werden; ich wünschte, daß der, der das Scheißen
erfunden hat, er und seine ganze Sippschaft, nur durch eine
Tracht Prügel scheißen könnte! Wie war das am Dienstag?
Man müßte leben können, ohne zu scheißen. Setzen Sie sich zu
Tisch mit der besten Gesellschaft der Welt, wenn Sie scheißen
müssen, müssen Sie scheißen gehen oder verrecken. Ach, die
verdammte Scheißerei! Ich weiß nichts Ekiligeres als das Schei-
ßen. Sie sehen eine hübsche Person, niedlich, reinlich, Sie rufen
aus: ach wie reizend wäre das, wenn sie nicht schisse! Den La-
stenträgern, Gardesoldaten, Sänfteträgern, dem Volk dieses
Kalibers billige ich es zu. Aber: die Kaiser scheißen, die Kaise-
rinnen scheißen, die Könige scheißen, die Königinnen scheißen,
der Papst scheißt, die Kardinäle scheißen, die Fürsten scheißen
und die Erzbischöfe und Bischöfe scheißen, die Pfarrer und die
Vicare scheißen. Geben Sie zu, die Welt ist voll von ekelhaften
Leuten! Denn schließlich scheißt man in der Luft, man scheißt
auf die Erde, man scheißt ins Meer, das Weltall ist angefüllt mit
Scheißen und die Straßen von Fontainebleau mit Scheiße, vor
allem mit Schweizerscheiße und die pflanzen Haufen − ebenso
große wie Sie, Madame. Wenn Sie glauben, einen hübschen
kleinen Mund zu küssen, mit ganz weißen Zähnen − Sie küssen
eine Scheißmühle: alle Köstlichkeiten, die Biscuits, die Paste-
ten, Torten, Füllungen, Schinken, Rebhühner und Fasanen
usw. das Ganze existiert nur um daraus gemahlene Scheiße zu
machen . . .

Dieser außergewöhnliche Brief enthält zahlreiche populäre analerotische Themen: z. B. die Vorstellung, daß Nahrung in Fäkalien
umgewandelt werde, die Erinnerung daran, daß sogar hochgestell-
te Persönlichkeiten Stuhlgang haben. Sogar die Anspielung auf
den „Fisch im Wasser" erinnert an den volkstümlichen Zweizeiler: „So wie der Fisch im Wasser lebt, die Scheiße in dem Arsch-

loch klebt" (Waldheim 1910: 405). Die Klage im ersten Teil des Briefes, daß man beim Defäkationsakt beobachtet wird, ist auch Thema zahlreicher deutscher Witze. So erstellte z. B. Heinrich Bebel (1472 – 1518), ein Tübinger Professor, eine berühmte Kollektion einschlägiger Aussprüche. Einige waren literarischen Quellen entliehen, andere entstammten seiner schwäbischen Umgebung. In einem typischen Text erblickt ein edler Reiter eine Bauersfrau, die auf einem Feld hinter einem Baum saß. Er glaubte, sie könne peinlich berührt sein und rief ihr zu: „Nun, liebes Mädchen, geh wieder an die Arbeit, denn das ist eine Sache auf die niemand verzichten kann." Daraufhin antwortete die Frau, die mittlerweile ihren Körper geleert hatte: „Also ich kann sehr wohl auf diese Sache verzichten. Wenn Sie mögen, nehmen Sie's mit. Ich mache es Ihnen gerne zum Geschenk." In einem anderen kurzen Text rief ein Pastor aus Malmsheim einen Bauern, den er beim Scheißen sah, an: „Was scheißt Du da?" Antwortete der Bauer: „Was geht's Dich an? Ist es nicht mehr möglich, zu scheißen, ohne daß Du Deine Nase hineinsteckst?" (Bebel 1907: 112).

Auch das achtzehnte Jahrhundert war nicht ohne einen illustren Repräsentanten der deutschen Faszination mit Anal-Themen. Während Luthers skatologische Neigung ziemlich bekannt war und ist, war Mozarts Hang bis vor kurzem vermutlich nur Spezialisten seiner Biographie bekannt. Doch offenbart der Komponist in seinen Briefen an die Familie eine wahrhaft außerordentliche Faszination für Analität. Ich glaube tatsächlich, daß sein Schwelgen in Fäkal-Metaphorik bis heute unübertroffen ist. Beim Lesen der Briefe Mozarts sollte man im Gedächtnis behalten, daß er sicherlich versuchte, spaßig zu sein. Der entscheidende Punkt ist hier genau der, daß er, wie Deutsche und Österreicher unserer Tage, großen Spaß an analen Anspielungen hatte. Einige der krassesten und unverfrorensten Analitäten in Mozarts Briefen findet man in Nachträgen, was, wenn man kurz überlegt, Sinn macht. Bezüge auf den Arsch kommen wohl am angemessensten am *Ende* der Briefe. In einem Brief an seine Schwester, mit Datum vom 3. März 1770, Mozart ist damals 14 Jahre alt, schreibt er: „P. A. Küss Mammas Hände für mich 1 000 000 000 000 Mal. Grüße an alle unsere guten Freunde und tausend Grüße an Dich von Fangmich-schnell-dann hast-Du-mich und von Don Cacarello, besonders von hinten." Am 2. Mai 1770 fügte Mozart in einem Brief seines Vater an seine Mutter ein Postscriptum hinzu: „Lobet und danket dem Herrn. Mir gehts gut und ich küss Mammas Hand und meiner Schwester Gesicht, Nase, Mund, Hals, meinen schlimmen Stift und Arsch, wenn er sauber ist" (Anderson 1938, 1: 173, 197).

Die Praxis, einen Brief mit einer skatologischen Redewendung abzuschließen, war sicher keine Besonderheit Mozarts. Seine Mutter z. B. beendete ihre Briefe häufig auf die gleiche Weise. In einem Brief, den sie 1777 an ihren Mann Leopold Mozart schrieb, schließt sie: „adio ben mio leb gesund, Reck den Arsch zum Mund. Ich winsch eine guete nacht, scheiß ins beth das Kracht ..." (Bauer und Deutsch 1962: 14). In einer bemerksenswerten Reihe von Briefen, die Mozart an seine Cousine Maria Anne Thekla Mozart schrieb, bekannt als das „Bäsle", finden wir unter dem Datum 5. November 1777: „Jetzt wünsch ich eine gute nacht, scheißen sie in bett daß es kracht; schlafens gesund, reckens den Arsch zum Mund" (Bauer und Deutsch 1962: 104). Die Redewendungen sind fast identisch mit denen, die seine Mutter gebraucht.

Im gleichen Brief an seine Cousine kommentiert Mozart: „ach Mein *arsch* brennt kich wie feuer! was muß das nicht bedeuten! – vielleicht will *dreck* heraus? ja ja *dreck,* ich kenne dich, sehe dich und schmecke dich." Der Brief an seine Cousine endet folgendermaßen: „ich tat mein bestes diesen Brief zu schreiben, als ich etwas auf der strasse hörte. Ich hörte auf zu schreiben – stand auf – ging zum Fenster ... und ... das Geräusch hörte auf. ich setzte mich wieder hin, schrieb weiter – aber kaum habe ich zehn Worte geschrieben als ich wieder etwas hörte. ich stand wieder auf – dabei hörte ich wieder ein Geräusch, diesmal ziemlich schwach – aber es schien etwas leicht angebrannt zu riechen – und wohin ich auch ging, roch es. Als ich aus dem fenster guckte, verschwand der Geruch. Als ich zurück ins Zimmer schaute, merkte ich es wieder. Am ende sagte Mamma zu mir: ‚Ich wette du hast einen losgelassen.' ‚Ich glaub nicht, Mamma' antwortete ich. ‚Ich bin sicher, du hast', beharrte sie. Gut, ich dachte ‚Mal sehn', steckte den finger an meinen arsch dann an meine Nase und – Ecce, provatum est. Mamma hatte doch recht" (Bauer und Deutsch 1962: 105; Anderson 1938, 2: 526 – 527).

Andere Briefe, die Mozart an seine Cousine schrieb, weisen Varianten des gleichen Themas auf. In einem, datiert 13. November 1777, finden wir folgende Passage: „Verzeihen sie mir meine schlechte schrift, die feder ist schon alt, ich scheiße schon wircklich bald 22 jahr aus dem nemlichen loch, und ist doch nicht verissen! – und hab schon so ofte geschissen – und mit den Zähnen den dreck ab-bissen." (Bauer und Deutsch 1962: 122; Anderson 1938, 2: 546). Bemerkenswert beiläufig ist Mozarts echte Gleichsetzung des mit-Tinte-Schreibens und der Defäkation.

Mozarts Brief vom 3. Dezember 1777 beginnt: „Meine liebste Cousine, Bevor ich dir schreibe, Muß ich aufs Closet. So, jetzt ists vorbei. Ah! Ich fühl mich wenigstens leichter, ein Gewicht ist von meinem herzen; und jetzt kann ich wieder fressen." Im gleichen Brief finden wir Redewendungen wie „Hurra, Kupferschmied, komm, sei ein Mann, fang wenn du kannst, leck meinen arsch, Kupferschmied" oder „Wenn ich Durchfall habe, renne ich, und wenn ich's nicht mehr aushalte, scheiß ich in meine Hosen". Der Brief schließt mit „Bitte übermittle von uns beiden ein ganzen arschvoll grüße an alle guten freunde. ... Ich habe nicht neues mehr zu schreiben, außer das eine alte Kuh neuen Mist geschissen hat" und ist unterzeichnet mit „W. A. Mozart, der ohne einen Furz scheißt" (Anderson 1938, 2: 594 – 596). Der Brief vom 23. Dezember 1778 hat eine Nachschrift: „Dhit-Dibitari, der Pfarrer von Rodampl, leckte den arsch seines Kochs um anderen ein Beispiel zu geben", doch möglicherweise enthält sein Brief vom 28. Februar 1778 eine der leidenschaftlichsten Passagen:

„So schreiben sie mir baldt, damit ich den brief erhalt, sonst wenn ich etwa schon bin weck, bekomme ich statt einen brief einen dreck. dreck!-dreck!-o dreck! o süsses wort!- dreck!-schmeck! auch schön!-dreck, schmeck! dreck!-leck-o charmante! dreck, leck! das freüet mich!-dreck, schmeck und leck!-schmeck dreck, und leck mich!-dreck, schmeck und leck!-schmeck dreck, und leck dreck!" (Bauer und Deutsch 1962: 308; Anderson 1938, 2: 741.)

Mozarts Briefe an seine Cousine, die Bäsle-Briefe, gehörten einmal Stefan Zweig, der, als er ihre außergewöhnliche Natur erkannte, 1931 an Sigmund Freud schrieb und meinte, daß die Briefe die Grundlage einer interessanten Untersuchung für einen von Freuds Schülern bilden könnten. Unglücklicherweise kam man Zweigs Vorschlag nicht nach (Hildesheimer 1977: 117 – 118). Die vorliegende Abhandlung beansprucht nicht, dieses Versäumnis nachzuholen, sie bedient sich dieser Hinweise auf Mozarts Analität, um die Theses des Essays zu belegen.

Die Briefe Mozarts enthalten eine solche Fülle von für die vorliegende Untersuchung relevanten Fakten, daß es oft schwerfällt, zu entscheiden, welche Zitate am geeignetsten sind. Ein Gedicht, das Mozart am 31. Januar 1778 an seine Mutter schrieb, enthält folgendes:

Madame Mutter!

Ich esse gerne Butter ...

Ich bin bei Leuten auch
die tragen den Dreck im Bauch,
doch lassen sie ihn auch hinaus
So wohl vor, als nach dem Schmaus.

Gefurzt wird allzeit auf die Nacht
Und immer so, daß es brav kracht.

Doch gestern war der fürze König
dessen Fürze riechen wie Hönig,

Wir sind ietzt über 8 Tage weck
Und haben schon geschissen vielen Dreck.

Und das Concert spar ich mir nach Paris,

Dort schmier ichs her gleich auf den ersten Schiß

Wir beleidigen doch nicht Gott mit unserem Scheißen

Auch noch weniger, wenn wir in dreck nein beißen.

Dieses rührende Brief-Gedicht an seine Mutter endet mit:

Sie zu embrassiren und dero Händ zu küssen
Doch werd' ich schon vorhero haben in die Hosen geschissen.

Der Brief ist mit Trazom, Mozart rückwärts buchstabiert, unterschrieben (Bauer und Deutsch 1962: 245 – 247; Anderson 1938, 2: 673 – 675).

In seiner Beschreibung anal-erotischer Charakterzüge lenkte Ernest Jones besondere Aufmerksamkeit auf die Neigung, sich mit der Rückseite von Dingen und Situationen zu beschäftigen. Ein Beispiel dafür ist, gemäß Jones, das Umkehren von Worten und Buchstaben beim Schreiben (Jones 1961: 423; vgl. Abraham 1953: 390). Mozart kehrte – wie sein Vater Leopold – häufig Worte und Buchstaben um (Anderson 1938, 2: 519; andere Beispiele für Mozarts Umkehrungen siehe bei Anderson 1938, 2: 527; 3: 1223). Diese Liebe zu Umkehrungen manifestierte sich sogar in Mozarts musikalischen Kompositionen. In einem Brief vom 23. Oktober 1777 berichtet Mozart, daß er dem Dechanten des Heilig-Kreuz-Klosters vorspielte. Ein Mönch legte ihm ein Thema vor. Mozart schrieb: „Ich ging durch die Tempi und fing in der Mitte (die Fuge war in G-moll) an, die Dur-Tonart ziemlich lebendig zu spielen, wenngleich auch im selben Tempo; danach das ganze Thema noch einmal, diesmal aber arschlings" (Anderson 1938, 2: 495).

Nach all dem vorher Gesagten überrascht es nicht zu erfahren, daß sich Mozart oft in Ausdrücken des LMIA erging. Zum Beispiel schließt ein Brief vom 28. Februar 1778 an seine Cousine: „. . . grüße an all meine Freunde und wer mir nicht glaubt, kann mich ohne Ende lecken, von jetzt bis in alle ewigkeit, bis ich nicht mehr bin, so lange sollte er lecken. Ich bin in diesem Fall fast darüber erschreckt, weil ich fürchte, daß mir all der dreck abgeht, und nicht mehr genug für ihn zum essen da sein wird" (Anderson 1938, 2: 743).

Mit Sicherheit der beste Beweis für Mozarts Liebe zum LMIA ist die Tatsache, daß er es als Text für eine Reihe von Kanons verwendete. Vielleicht hätte niemand anderer als Mozart sich Kanons für drei oder sechs Stimmen ausdenken und komponieren können, die hintereinander singen: „Leck mich im Arsch", vgl. K. 231 (382^C) „Leck mich im Arsch", K. 233 (382^d), „Leck mir den Arsch fein recht schön sauber" oder der Text zu K. 560^b „O du selhafter Martin (Jakob)", der beinhaltet: „Ich scheiß dir aufs

Maul . . . o leck mich doch geschwind im Arsch" oder zu K. 561 „Bona nox! bist a rechter Ox", der beinhaltet „scheiß ins Bett".

Thomas Mann stellte bei seinem Versuch, den deutschen Nationalcharakter zu beschreiben, fest, daß Musik, obgleich ein „dämonisches Reich", teil der deutschen Seele sei, ein Urteil, das von Emil Ludwig in seinem Essay *The German Mind* wiederholt wurde als er schrieb, daß Musikalität ein Hauptzug deutschen Charakters ist „ohne den es ziemlich unmöglich ist, sie (die Deutschen) zu begreifen" (1938: 258). Mann meinte, daß Faust ein Musiker hätte sein sollen. Musik, schreibt Mann, „ist berechnete Ordnung und Chaos hervorbringende Irrationalität zugleich" (1946: 227).

In diesem Licht, so würde ich behaupten, könnten diese obszönen Kanons Mozarts als perfekte Mikrokosmen des deutschen Nationalcharakters angesehen werden. Schmutz/Dreck/Fäkalien kommen zum Ausdruck, aber nur innerhalb der strengen und genauen Grenzen einer konkreten musikalischen Struktur. Richard Wagner schrieb in seinem Tagebuch einen nachdenklich stimmenden Kommentar zu Kanons (1980: 72): „Das Alltagsleben des gewöhnlichen Menschen wird durch den ‚Kanon' repräsentiert: ein Thema, unverändert, ständig wiederholt, sich selbst ergänzend einzig und allein durch sich selbst: ein Charakter ewig beständig bleibt und daher alles um sich beständig hält." Wagner spricht hier, um keine Mißverständnisse aufkommen zu lassen, von Kanons im allgemeinen und nicht von Mozarts Kanons, doch ist die Einsicht bezeichnend. Die endlose Wiederholung des LMIA, in Musik umgesetzt und mittels beteiligter Stimmen, die das Gleiche, wenn auch zeitversetzt, singen, ist eine musikalische Darstellung der zentralen These dieser Untersuchung.

Mozarts Freude an Wortspielen schloß auch die Bildung von Phantasie-Fäkalnamen ein. In einem Brief an seinen Vater, datiert vom 17. Oktober 1777, versprach Mozart im nächsten Brief einen Bericht über ein Konzert. „Eine Menge Adliger war dort: die Herzogin Hinternklopfe, die Gräfin Laßwasser, ganz zu schweigen von der Prinzessin Misthaufen mit ihren zwei Töchtern, die jedoch schon an die zwei Prinzen Dickbauch von Schweineschwanz verheiratet sind." (Anderson 1938, 2: 477; vgl. auch den oben zitierten Don Cacarello.)

Die Verwendung von Phantasienamen war keine Erfindung Mozarts, sondern hat eine lange Geschichte. Zur etwa der gleichen Zeit etwa schrieb Goethe einen kurzen obszönen Einakter mit dem Titel: „Hanswursts Hochzeit oder Der Lauf der Welt: Ein mikrokosmisches Drama". Hanswurst ist der Name einer traditionellen deutschen Volksgestalt (vgl. Flögel 1862: 186 – 194). Zum Karneval ist er als Clown kostümiert und trägt eine lange Leberwurst um den Hals. In Goethes fragmentarischer Schilderung der Hochzeit dieser Figur findet man eine Liste geladener Hochzeitsgäste: Hans Arsch von Rippach; Scheißmatz; Thomas Stinkloch; Schwarzscheißer, Dichter; und andere Gönner der Braut wie Hosenscheisser und Leckarsch (Goethe 1964: 488 – 496). Die Freude an pseudoskatologischen Namen hat nachweislich eine lange Tradition in Deutschland. Zum Beispiel ist der Name des Helden von Wittenwilers satirischem Epos aus dem fünfzehnten Jahrhundert, *Der Ring,* Bertschi Triefnas, und sein Wappen besteht aus zwei Mistgabeln in einem Misthaufen. Drei der Bauern haben Namen, die in Beziehung zu Kuhmist stehen: Ochsenkäs, Fladenranft und Rindtaisch, während eine Verwandte des Helden Jützin Scheißindpluomen heißt (Wittenwiler 1956, 1, 35, 157).

Goethe verwendete skatologische Anspielungen nicht in der gleichen Weise wie Luther und Mozart. In seinen autobiographischen Aufzeichnungen scheint er tatsächlich über ein witziges Gedicht, das Herder über Goethes Namen schrieb und ihm schickte, beleidigt zu sein. Herder gibt vor, Goethe um die Zusendung von Briefen des Brutus, die in Ciceros Brief enthalten sind, zu bitten. „Der von den Göttern du stammst, von Gothen oder vom Kothe, Goethe, sende sie mir." (Goethe 1949: 366 n. 1; 1970: 339). Goethes Ekel vor (und doch beachtliches Interesse an) fäkalischen Angelegenheiten wird auf seiner Italienreise deutlich (1786 – 1788), bei der er sich wiederholt über den Dreck, den er auf den Straßen fast jeder italienischen Stadt findet, beklagt. Seine Bemerkungen zu Venedig, datiert 1. Oktober 1786, sind typisch: „Heute war Sonntag und als ich spazierenging war ich von der Unsauberkeit der Straßen betroffen ... Der Schmutz ist um so mehr unentschuldbar, da die Stadt im Sinne der Sauberkeit so angelegt ist, wie jede holländische Stadt ... Während des Gehens bemerkte ich, daß ich sanitäre Systeme ersann" (1962: 64).

Eine merkwürdige Ironie liegt darin, daß genau wie Goethe und andere deutsche Italienreisende das, was sie als maßlos schmutzige Zustände erachteten, von englischen Deutschlandbesuchern im neunzehnten Jahrhundert und auch früher als Kritik vorgebracht wurde. Zum Beispiel schrieb Samuel Taylor Coleridge kurze Gedichte mit Titeln wie „Köln" und „Über meine freudige Abreise aus derselben Stadt". Von der „Körper-und-Seelen-stinkenden Stadt Köln" redend, behauptete Coleridge, nicht weniger als „zweiundsiebzig üble Gerüche, alle klar abgegrenzt, und verschiedene Gestänke" gezählt zu haben. Er verstieg sich sogar so weit zu behaupten, die Zustände in Köln seien dermaßen extrem, daß erklärbar würde, warum diese Stadt zum Geburtsort eines solch berühmten Süßwassers wie „Eau de Cologne" wurde (Coleridge 1912: 477).

Trotz seiner Sorge um Sauberkeit war Goethe nicht ganz abgeneigt, gelegentlich mit ein wenig fäkalischem Schlamm um sich zu werfen. Goethe war über den Kritiker Christoph Friedrich Nicolai erbost, der sich über seine *Leiden des jungen Werther* lustig gemacht hatte. 1775 hatte Nicolai eine Satire über Werther mit dem Titel *Die Freuden des jungen Werther* veröffentlicht. Goethes Revanche hatte deutlich skatologische Untertöne. In Goethes berühmter Walpurgisnacht-Szene des *Faust, 1.* Teil, erscheint Nicolai kurz als „Proktophantasmist", was ein Übersetzer mit „Hintern-Visionär" übertrug (1941: 361). Offenkundiger ist Goethes Gedicht „Nicolai auf Werthers Grab" (Goethe 1973: 191):

Ein junger Mensch — ich weiß nicht wie —
Verstarb an der Hypochondrie,
Und ward dann auch begraben.
Da kam ein schöner Geist herbei,
Der hatte seinen Stuhlgang frei,
Wie ihn so Leute haben.
Der setzt sich nieder auf das Grab
Und legt sein reichlich Häuflein ab,

Schaut mit Behagen auf seinen Dreck,
Geht wohl eratmend wieder weg,
Und spricht zu sich bedächtiglich:
„Der gute Mensch, er dauert mich,
Wie hat er sich verdorben!
Hätt er ge- so wie ich,
Er wäre nicht gestorben!"

Dies läßt deutlich darauf schließen, was Goethe von der Kritik Nicolais an *Werther* hielt.

Ich halte es für überflüssig, weitere Beispiele von deutschen Schriftstellern zu zitieren. Tatsache ist, daß die analen Themen, die in der deutschen Folklore so auffallend vertreten sind, auch in der sogenannten Hochkultur gefunden werden können. Zusammenfassend läßt sich sagen, daß Analität ein ausgeprägter integraler Bestandteil des deutschen Nationalcharakters zu sein scheint und sich nicht auf diesen oder jenen Bauern oder auf einzelne außergewöhnliche Theologen, Musiker oder Dichter beschränkt.

Wenn es stimmt, daß die Deutschen eine stark anale Komponente in ihrem Nationalcharakter aufweisen, ist sie dann von denen, die versucht haben, diesen Charakter zu definieren, erkannt worden? Lange bevor Deutschland 1871 eine geeinte Nation wurde, interessierten sich die Deutschen für den Nationalcharakter. Man kann wahrscheinlich zu Recht sagen, daß „der Untersuchung nationaler Psychologie in der Tat zuerst von deutschen Gelehrten ... wie Herder, Humboldt ... nachgegangen wurde" (Meyer 1892: 242). 1789 veröffentlichte der Philosoph Immanuel Kant eine *Anthropologie in pragmatischer Hinsicht,* die einen Abschnitt enthält, der dem „Charakter des Volks" gewidmet ist (vgl. Moog 1916). Nach der Erörterung der Charakteristiken der Franzosen und Engländer legt Kant einen Abriß der bedeutenden deutschen Wesenszüge vor. Unter anderem bemerkte er: „Fleiß, Reinlichkeit und Sparsamkeit". Er versicherte auch, die Deutschen brächten ihren Kindern Anstandsformen mit Strenge und einer Tendenz in Richtung „Ordnung und Regel" bei, und daß deutsche Gelehrte einen Hang zu Klassifizierung und Pedanterie hätten (Kant 1880:

247 – 248). Es sollte angemerkt werden, daß Kant selbst viele dieser Persönlichkeitsmerkmale aufwies.

In den zwei Jahrhunderten seit Kants kurzer Darstellung kann man registrieren, daß die gleichen Züge wieder und wieder als Eigenschaften des deutschen Nationalcharakters erwähnt werden. Ein Essay in *Time* zitiert 1979 einen Bonner Bürokraten, der deutsche Qualitäten wie folgt beschreibt: „Wir sind sparsam. Sauberkeit und Ordnung sind immer noch unsere wertvollsten Tugenden. Wir neigen dazu, alles zu organisieren. Unser Fleiß wird von Ausländern bewundert und beklagt" (Anon. 1979 c: 32; vgl. Hofstätter 1966 – 67). Es ist möglich, daß wir es hier eher mit Stereotypen bzw. Selbststereotypen zu tun haben als mit dem Nationalcharakter. Doch läßt sich mit Sicherheit sagen, daß sich das Image des deutschen Nationalcharakters über die Zeit hinweg als bemerkenswert beständig erwiesen hat (Nurge 1975: 230, 250 – 254). Zahlreiche Autoren haben beispielsweise beobachtet, wie häufig im Laufe normaler deutscher Unterhaltungen die Redewendung „Ordnung muß sein" wiederholt wird (Schaffner 1948: 53; vgl. Helm 1979). Schalk schreibt (1971: 57): „Wenn es ein Wort gibt, das traditionell mit der deutschen Mentalität in Zusammenhang steht, ist es das Wort ‚Ordnung'. Eines der größten Komplimente, das man jemand machen kann, ist zu sagen ‚Er ist in Ordnung'. Wenn ein Deutscher Kontroverse bereinigen will, sagt er: ‚Ich werde alles in Ordnung bringen'!"

Andere Autoren haben ihr Augenmerk auf die Sparsamkeit gerichtet. Henry Mayhew schrieb im neunzehnten Jahrhundert über die „allumfassende Neigung der Deutschen, zu sparen und sich auch die gewöhnlichsten Notwendigkeiten des Lebens zu verweigern". Er beobachtete darüber hinaus: „Die Tatsache ist einfach die, daß die Deutschen Geizhälse sind" (1864, 2: 593). Auch Mozart kommentierte diesen Charakterzug als er, zum Beispiel, 1778 bemerkte, daß die „deutschen Prinzen allesamt Knauser sind", oder 1790, daß „die Leute in Frankfurt noch geiziger sind als die Wiener" (Anderson 1938, 2: 750; 3: 1406). Mozarts Urteil kann etwas durch seine Armut und seine mißlungenen Versuche, eine angemessene finanzielle Unterstützung zu erlangen, beeinflußt sein.

Auf jeden Fall existiert eine große Zahl von Schriften zum deutschen Nationalcharakter, von denen einige bereits schon Folklore zur Illustration oder Beweisführung heranziehen (vgl. Wähler 1939). Ein Geograph, Georg Ludwig Kriegk, widmete in seinen 1840 in Leipzig erschienenen *Schriften zur allgemeinen Erdkunde* ein wesentliches Kapitel seines Lehrbuches dem „Witz, Scherz und Spott in der geographischen Sprache der Völker". Etwa zur gleichen Zeit erschienen andere Pionierarbeiten zur Untersuchung der Folklore von Nationen. Repräsentativ hierfür sind J. Venedey, *Die Deutschen und Franzosen nach dem Geiste ihrer Sprachen und Sprüchwörter* (1842); sowie Wilhelm Wackernagel, „Die Spottnamen der Völker", welches 1848 in der *Zeitschrift für Deutsches Alterthum* erschien. 1863 wurde eine zweibändige Zusammenstellung von Baron Otto von Reinsberg-Düringsfeld, *Internationale Titulaturen,* veröffentlicht. Der erste Band befaßt sich damit, was Völker über andere Völker sagen, wohingegen sich der zweite Band darauf beschränkt, was ein Volk über sich selbst sagt. Dieser Trend setzte sich bis ins zwanzigste Jahrhundert fort. 1918 veröffentlichte Wilhelm Wundt *Die Nationen und ihre Philosophie,* worin er versuchte, Volkscharakter und Weltanschauung der Italiener, Franzosen, Engländer und Deutschen zu erörtern. So sprach er, zum Beispiel, vom „deutschen Idealismus". Eine Untersuchung deutscher psychologischer Forschung, während des Nazi-Regimes durchgeführt, stellte fest, daß nach 1933 Charakterologie zum beliebtesten Thema der deutschen Psychologie wurde (Wyatt und Teuber 1944: 231). Typische Beispiele für die umfangreiche Literatur sind: Richard Müller-Freienfels, *The German: His Psychology and Culture:* An Inquiry into Folk Characters (1936); Herbert Freudenthals brauchbare Untersuchung „Vorbemerkungen zu einer deutschen Volkscharakterkunde", die 1955 in der *Zeitschrift für Volkskunde* erschien; und Gerhard Masur, „Der Nationale Charakter als Problem der Deutschen Geschichte", 1975 in *Historische Zeitschrift* erschienen. In all diesen wissenschaftlichen Erörterungen sucht man vergeblich nach einer Erwähnung der Analität.

Viele Arbeiten zum deutschen Charakter stammen von Nicht-Deutschen und wurden vor allem durch die zwei Weltkriege angeregt. Wahrscheinlich kann man mit Recht sagen, daß auf dem Gebiet nationaler Charakterstudien den Deutschen mehr Zeit und Aufwand gewidmet wurde als irgendeiner anderen einzelnen nationalen Gruppe. Eine Überprüfung zeigt jedoch, daß sich die große Mehrheit dieser Untersuchungen fast ausschließlich mit dem Aufkommen des Nazismus beschäftigt und dabei typischerweise die vermeintliche deutsche autoritäre Persönlichkeit und die deutsche Betonung von strenger Unterordnung unter Autorität diskutiert (vgl. Schaffner). Auch hier, mit ein oder zwei bemerkenswerten Ausnahmen (siehe Kecskemeti und Leites 1947 – 48), werden anale Themen in der deutschen Kultur nicht erwähnt. Der Anthropologe Robert Lowie, selbst österreichischer Herkunft, schrieb zwei Bücher über Deutschland, doch gibt es nicht einen Hinweis auf den Aspekt des deutschen Charakters, der hier erörtert wird.

Noch seltsamer ist die Tatsache, daß eine Reihe von Arbeiten zum Thema Skatologie geschrieben wurden. Während einige von Nicht-Deutschen stammen, siehe John G. Bourke: *Scatologic Rites of All Nations* (1891), Dan Sabbath und Mandel Hall: *End Product: The First Taboo* (1977) und Dominique Laporte: *Histoire de la Merde* (1978) ist die größere Menge gelehrter Arbeiten traditionellerweise in deutsch oder von Deutschen geschrieben worden. Repräsentativ für diese Wissenschaft sind Hugo E. Luedecke, „Grundlagen der Skatologie", die 1907 in *Anthropophyteia* erschienen, Jean Wegeli, „Das Gesäß in Völkergedanken: Ein Beitrag zur Gluteralerotik", ebenfalls in *Antropophyteia* (1912); Franz Maria Feldhaus, *Ka-Pi-Fu und andere verschämte Dinge* (1921) – Ka-Pi-Fu sind die Anfangssilben der deutschen Worte für Kacken, Pissen und Furzen oder skatologische Werke – ; Paul Englisch, *Anrüchiges und Allzumenschliches: Einblicke in das Kapitel PFUI* (1928) und *Das Skatologische Element in Literatur, Kunst und Volksleben* (1928); Ernst Schertel, *Der Erotische Komplex,* Bd. 1, *Gesäß-Erotik* (1932); ein tausend-Seiten-Lompendium und Erörterung mit dem Titel *Non Olet oder Die heiteren Tischgespräche des Collofino über den Orbis Cacatus* mit einer Untertitelseite, die hinzufügt *Orbis Cacatus das ist Umständlicher Bericht über Die Beschissene Welt* (1939), der Autor wurde von

Legman (1975: 811) als Joseph Feinhals identifiziert; sowie kürzlich Dieter Jürgen Rollfinkes unveröffentlichte Dissertation an der Johns Hopkins Universität: *„Menschliche Kunst: A Study of Scatology in Modern German Literatur"* (1977); und Coturnix, *Erbauliche Enzy-Clo-Pädie,* eine populäre Kulturgeschichte der Toilette. Die meisten dieser Arbeiten beanspruchen für sich, die Skatologie allgemein abzuhandeln – obwohl die meisten Beispiele gleichbleibend deutsch sind. Den naheliegenden Schluß, daß die Deutschen einen besonderen Hang zur Skatologie haben, zieht keiner der Autoren.

Noch interessanter verhält es sich mit der Wissenschaft, die sich der Definition des anal-erotischen Charakters gewidmet hat. Wenn man die Eigenschaften, die den Deutschen zugeschrieben werden – von sich selbst oder von anderen – mit den sogenannten Wesensmerkmalen anal-erotischer Charakterologie vergleicht, wie sie von einer Reihe Psychoanalytiker, auch von Freud selbst, entworfen wurden, kommt man zu einer fast perfekten Übereinstimmung (vgl. Rollfinke 1977: 24 – 26). Freud versicherte 1908 in seinem berühmten Essay, daß Analfixierte „ungewöhnlich ordentlich, sparsam und starrsinnig" sind. Darüberhinaus beobachtete er, daß „Sauberkeit, Ordentlichkeit und Zuverlässigkeit" eine „Reaktionsbildung gegen ein Interesse an unsauberen Dingen" zu sein scheinen. Freuds Darstellung des analen Charakters von 1908 unterscheidet sich, mit der Ausnahme der offenen Erwähnung der Defäkation, überhaupt nicht von Kants Beschreibung des deutschen Charakters von 1789. Doch Freud nimmt überhaupt keinen Bezug auf Deutsche. Ebensowenig taten dies Analytiker wie Ernest Jones, Karl Abraham, Sandor Ferenczi und Lou Andreas-Salomé, die nach Freud über den Analcharakter arbeiteten. Zweifellos war ein Grund, warum Freud nicht daran dachte, den anal-erotischen Charakter mit den Deutschen in Verbindung zu bringen, der, daß er versuchte, den Menschen im allgemeinen zu beschreiben, nicht nur den deutschen Menschen. Ein anderer Grund mag darin liegen, daß die deutschen oder österreichischen Autoren sich nicht völlig vergegenwärtigten, daß sie über sich selbst schrieben. Sie waren österreichisch-deutsch; der größte Teil ihrer *Patienten* war österreichisch-deutsch; die berichteten *Einzelheiten* waren österreichisch-deutsch. Ein Fisch nimmt das Wasser, in dem er schwimmt, nicht wahr. Im gleichen Essay von 1908 schrieb Freud: „Jeder kennt die Gestalt des ‚Dukatenscheißers'", doch sind etwa englische Leser mit dieser Figur, die auch im heutigen Deutschland populär geblieben ist, nicht vertraut. Spalding beobachtete, daß die Vorstellung von einem Männchen, das Dukaten ausscheidet, bis mindestens ins siebzehnte Jahrhundert zurückverfolgt werden kann. Dukatenscheißer werden immer noch in Süßwarenläden verkauft.

Während die Geld-Fäkalien-Gleichung auch außerhalb der deutschen Kultur existiert, ist sie nirgendwo mehr explizit als in der deutschen Folklore. Man denkt an die Gans, die goldene Eier

Abb. 6: Der Dukatenscheißer ist eine vielzitierte
– und vielgenossene – Lieblingsfigur der deutschen Folklore.
Hier ein Marzipanexemplar.

78

legt oder den Esel, der Gold ausscheidet oder möglicherweise sogar an deutsche Versionen des Aarne-Thompson-Geschichtentyps 500, *Der Name des Helfers.* In diesem Märchen brüsten sich die Eltern der Heldin damit, daß das Mädchen Stroh zu Gold spinnen kann – ist es das Stroh aus dem Stall? Falls ja, enthält es höchstwahrscheinlich Tiermist. Gerade beim Thema Märchen ist erwähnenswert, daß in einer umfangreichen Untersuchung des Aarne-Thompson-Geschichtentyps 480, *Die Spinnerinnen im Frühling, Die Freundlichen und die Unfreundlichen Mädchen,* die auf mehr als 900 Versionen der Erzählung basiert, fertiggestellt, das Motiv der guten Heldin, die mit einem „Goldregen" belohnt wird und das schlechte Mädchen, das mit einem „Pechregen" bestraft wird, sei „eine besondere deutsche Entwicklung" (Roberts 1958: 125). In einer typischen Version aus dem Schwalm-Gebiet, die vor 1822 dokumentiert wurde, wird die Rücksicht der Mädchen von einem Hahn angekündigt: „Unser goldenes Mädchen kommt" und „Unser dreckiges Mädchen kommt" (Bolte und Polivka 1913: 208).

Hier können wir sehen, daß das, was ein Oicotyp oder eine lokale Erscheinungsform eines einzelnen Märchens sein kann, aller Wahrscheinlichkeit nach eine Beziehung zu einem bestimmten, verbreiteten kulturellen Wesenszug hat. Die Fäkalien-Gold-Gleichung läßt sich mit Beispielen aus den unterschiedlichsten Bereichen belegen. So könnte man Friedrich Wilhelm I. (1688 – 1740), den Vater Friedrichs des Großen, zitieren. Von ihm wird berichtet, er habe Randbemerkungen zu Geldforderungen gemacht. In einem Fall lehnte er eine Forderung wie folgt ab (Waite 1977: 254):

Eure Bitte kann ich nicht gewähren.
Ich habe hunderttausend Mann zu ernähren.
Gold kann ich nicht scheißen.
Friedrich Wilhelm, König von Preußen.

Ein modernes Beispiel der Gleichung findet man in Form einer Witzfrage: „Wie verhält sich die Börse zu einem Abort?" „Auf der Börse fallen zuerst die Papiere und dann kommt der Krach, auf dem Abort gibt es zuerst einen Krach und dann erst fallen die

Papiere" (Polsterer 1908: 171; vgl. Luedecke 1907: 325). Sogar die Leugnung, daß Fäkalien kein Gold seien, verstärkt die symbolische Gleichung. Das Beispiel eines „Nachttopf-Verses" illustriert dies (Luedecke 1907: 327):

Das Bächlein rauscht, der Donner rollt,
Was darin steckt, ist kein Gold.

Eines der vielen Sprichwörter, die auf der Gleichung beruhen, ist: „Geld ist Dreck, aber Dreck ist kein Geld" (Wander 1964, 1: 1482).

Die Allgegenwärtigkeit der Gold-Fäkalien-Gleichung in der deutschen Folklore half Freud vermutlich, den analerotischen Charakter zu entdecken oder zu entwerfen. Die Gleichung wird in Freud und Oppenheims *Dreams in Folklore* hervorgehoben, einem Buch, dessen Hauptgegenstand ist, daß die vielen von Psychoanalytikern verwendeteten Symbolinterpretationen bereits in traditionellen Volkserzählungen artikuliert worden sind. Ein Teil dieser wichtigen Arbeit beschäftigt sich mit dem Penis-Symbolismus (1958: 26 – 36), aber ein anderer, längerer Teil erörtert den Fäkal-Symbolismus. Das relativ hohe Gewicht, das Freud und Oppenheim den Beispielen von Anal-Material gegenüber Genital-Einzelheiten beimessen, stützt die oben vorgebrachte Ansicht, daß die Deutschen das Anale den sexuellen Themen vorziehen. Sicherlich war es angemessen, daß Freud 1913 die Einleitung zur deutschen Übersetzung von Bourkes *Scatologic Rites of All Nations* schrieb.

In diesem Zusammenhang sollte man sich einen von Freuds Träumen in Erinnerung rufen, den er im Detail in *Die Traumdeutung* analysiert (1973: 472 – 474; vgl. Grinsteins (1968: 423 – 446) ausführliche Diskussion dieses „Freiluftklo"-Traums). Im Traum sieht Freud „etwas wie ein Abort im Freien. Die ganz hintere Kante dicht besetzt mit Häufchen Kot von allen Größen und Stufen der Frische ... Ich uriniere auf die Bank; ein langer Harnstrahl spült alles rein, die Kotpatzen lösen sich leicht ab und fallen in die Öffnung." Freud fragt sich, warum er in dem Traum keinen Ekel empfand. Beim Nachdenken fällt ihm Herkules' Säuberung des

Augias-Stalles ein, und er identifiziert sich mit dem Helden der griechischen Mythologie. Eine Parallele zur Psychoanalyse steckt darin, daß er durch die Kraft seines Wassers in der Lage ist, einen „ekelhaften" Aspekt der menschlichen Existenz zu reinigen. Höchst bedeutungsvoll ist, daß Freud hier sein Lebenswerk in Begriffen einer Latrine wahrnahm und sich selbst als Helden sieht, der ohne Angst seine eigenen Körperprodukte benutzt, um den von anderen hinterlassenen Dreck zu beseitigen. Man ist versucht, über Freuds Wahl des Begriffes „Psychoanalyse" zu spekulieren, der seinen Zugang zum menschlichen Geist repräsentieren soll. Denn wie Menninger (1943: 181) uns erinnert, ist die Wurzel von analysieren *anal* aus der griechischen Wurzel *ana* mit der Bedeutung hinten. Die Grundbedeutungen von analysieren scheinen „hinten" und „lösen", im Sinne von etwas aufzulösen, zu sein. So wäre „Psychoanalyse" eine Art mentaler, rückwärts gerichteter Auflösung (die Rekonstruktion entscheidender Kindheitsereignisse aus der Vergangenheit des Menschen) und man könnte mit Recht sagen, daß ein Teil des therapeutischen Prozesses im „Spülen" von „Schmutz" aus dem Kopf eines Patienten besteht.

Was für einen Wert das Nachdenken über das Wort „Psychoanalyse" auch haben mag, es sollte deutlich werden, daß die verschiedenen Aspekte der analerotischen Charakterologie auf die Deutschen anwendbar zu sein scheinen. Karl Abrahams 1921 verfaßte Arbeit „Beiträge zur Theorie des Analcharakters" z. B. bemerkt: „Freude am Katalogisieren und Klassifizieren, am Zusammenstellen von Listen und statistischen Zusammenfassungen, am Erstellen von Programmen, an der Regelung von Arbeit durch Stundenpläne, ist sehr wohl bekannt als Ausdruck des Analcharakters" (1953: 377, 388). Die deutsche Vorliebe für die Ausarbeitung von Registern und enzyklopädischen Zusammenstellungen findet man in einer Vielzahl akademischer Disziplinen. Abraham äußerte auch seine Meinung zum Unterschied zwischen dem Vergnügen, Exkremente zurückzuhalten und sie abzuführen. Er behauptete, daß der „Analcharakter" Menschen dazu bringe, Handlungen aufzuschieben oder gesammeltes Material anzuhäufen, um alles schließlich mit einem Schlag (oder „Hausputz") loszulassen. Mir kommt es so vor, als ob gar die Struktur deutscher Sätze diese

Anschauung stützt. Eine ganze Reihe von Hauptworten und adjektivischen Wendungen wird aufgebaut, bis schließlich, gnädig am Ende des Satzes ein entscheidendes Verb erscheint, um die ganze entstandene semantische Bedeutung freizugeben. Solch linguistische Struktur könnte zweckdienlich konstruiert sein, um das Zurückstellungsprinzip metaphorisch zu stützen.

Es ist dies nicht der Ort, die umfangreiche Literatur, die dem analerotischen Charakter gewidmet ist, zu referieren; viele der neueren Arbeiten sind experimenteller und kritischer Natur (Kubie 1937; Landauer 1939; Huschka 1942; Merrill 1951; Buckle 1953; Prugh 1954, Beloff 1957; Heimann 1962; Wisdom 1966; Bishop 1967; Ross, Hirt und Kurtz 1968; Centers 1969; Hermand 1971; Kline 1972; und Hill 1976). Ich möchte nur bemerken, daß keine dieser Veröffentlichungen spezifischen Bezug auf spezifisch deutsche Persönlichkeitseigenschaften nimmt.

Die psycho-analytische Theorie der Analität enthält das Konzept der Sublimierung. Zum Beispiel beschrieb Ferenczi brillant ein sich bei der Entwicklung des Kindes herausbildendes Interesse an Schlamm, Knete und einer Reihe von anderen Materialien: Sand, Kiesel, Muscheln, Murmeln. Aber er entwickelte auch das Konzept der Reaktionsbildung, bei der ein Mensch starke Abneigung gegen Schmutz, Unordnung und Ausscheidungsprodukte zeigt. Hinzu kommt noch die Unterscheidung zwischen analem Zurückhalten (des hortenden, knauserigen Typs) und analem Ausstoßen. Übrigens: Auch das Wort Besitz leitet sich von sitzen ab (Ferenczi 1956: 275 n. 3).

Das deutsche Interesse an Sauberkeit wäre ein erstklassiges Beispiel für die Reaktionsbildung in Begriffen der Theorie des analerotischen Charakters. Und es gibt keinen Zweifel daran, daß die Deutschen Sauberkeitsfanatiker sind. Ein typisch deutscher reimender Grundsatz, der häufig auf Holz gemalt und im Flur oder der Küche aufgehängt wird, lautet (Sidgwick 1912: 134):

Wie die Küche so das Haus
Reinlich drinnen, reinlich draus

Der Begriff des „Reinen" ist auch in der deutschen Literatur weitverbreitet. Nietzsche rühmt seinen „Instinkt für Sauberkeit" und behauptet, dieser sei für ihn die Voraussetzung seiner Existenz gewesen. „Mein ganzer *Zarathustra* ist ein Dithyrambus über Abgeschiedenheit oder, falls ich verstanden worden bin, über Sauberkeit" (Kaufmann 1968: 689 – 690). Nietzsche ging so weit zu sagen: „Doch Psychologie ist fast das Maß der Sauberkeit oder Unsauberkeit einer Rasse ... Was im Deutschen ‚tief' genannt wird, ist genau diese instinktive Unsauberkeit in Beziehung zu sich" (Kaufmann 1968: 778).

Wolff (1970 – 1971) dokumentiert gründlich das Zentrale des „rein" in Rilkes Dichtung, obgleich er die möglicherweise darunter liegende analerotische Bedeutung dieses Wort-Gebrauchs nicht erwähnt. Tatsächlich haben die Analytiker des deutschen Nationalcharakters die Existenz solcher Wesenszüge wie Ordentlichkeit und Sauberkeit zwar ausgiebig dokumentiert, sie haben aber ganz und gar versäumt, diese Züge zur psychoanalytischen Theorie des analerotischen Charakters in Beziehung zu setzen. Gleichermaßen haben psychoanalytisch orientierte Autoren versäumt, ihre Theorie auf den deutschen Nationalcharakter anzuwenden, vielleicht, weil so viele dieser Autoren selbst Deutsche oder Österreicher waren.

Kenneth Burke (1963: 378 – 382) lenkt unsere Aufmerksamkeit auf die Bedeutung des reinen Goldes in Wagners *Das Rheingold* und erinnert uns, daß Wagner gegen Ende der Oper bei der Klage der Rheinjungfrauen charakteristischerweise mit den Worten „Rheingold" und „reines Gold" spielt. Für eine von nationalistischen Empfindungen gefärbte deutsche Oper wäre es absolut folgerichtig, den Besitz reinen Goldes zu feiern – *Pecunia non olet!* Scharfsinnig beobachtet Burke, daß Alberich dadurch das Gold unter seine Herrschaft bringt, daß er der Liebe entsagt, „das heißt, daß er das Fäkalische wählt, indem er das Sexuelle zurückweist", eine ästhetische Wahl, die vollkommen mit dem Ethos deutscher Kultur übereinstimmt. Burke ist jedoch mehr daran interessiert, das Wesen der Katharsis in der Literatur zu demonstrieren, als den deutschen Charakter per se zu definieren.

Der Volkskundler Gershon Legman, einer der wenigen Wissenschaftler, die über die deutsche Liebe zur Skatologie geschrieben haben, legt eine Erklärung der Sauberkeitsliebe entlang dem von

Freud entworfenen Grundriß vor. Indem er nationale Vorlieben bei Witzen erörtert, beobachtet Legman (1958: 15):

> *Die Deutschen und Holländer, zum Beispiel, sind beim Humor offensichtlich für die Skatologie empfänglicher als für jedes andere Thema. Dies ist zweifellos eine Reaktion auf übertrieben strenge und frühe Reinlichkeitserziehung, sowie auf allgemeine Frigidität und Zwanghaftigkeit bei der teutonischen Erziehungsweise und des Charakters. Ein cleverer Witze-Erzähler kann das normale deutsche Publikum schon dadurch auf einen Höhepunkt kreischenden Vergnügens bringen, daß er darauf vorbereitet, einen Witz zu erzählen, der den unausweichlichen Höhepunkt des Wortes „Scheiße" (das sich manchmal zur Verdoppelung ‚Scheißdreck' steigert) zum Inhalt hat, ohne auch nur angefangen zu haben, den Witz zu erzählen.*

Ich möchte dem hinzufügen, daß in der deutschen Kultur nicht nur die Defäkation Humor erzeugt, sondern, gemäß eines sprichwörtlichen Ausdrucks (Spalding 1974: 1373), Humor auch einen Defäkationsakt verursachen kann: „Vor Lachen in die Hosen machen".

Wenn wir den deutschen Nationalcharakter durch einen Rückgriff auf analerotische Züge erklären wollen, müssen wir die entscheidenden Einzelheiten der Reinlichkeitserziehung untersuchen. Ist die deutsche Reinlichkeitserziehung „streng und früh", und unterscheidet sie sich erheblich von der Reinlichkeitserziehung, die etwa in anderen westeuropäischen Ländern praktiziert wird?

In einer wichtigen interkulturellen Untersuchung der Beziehungen zwischen Kindererziehung im allgemeinen und der Erwachsenenpersönlichkeit berichten Whiting und Child (1953: 74): „Der Mittelwert der Schätzung des Anfangsalters von ernsthafter Reinlichkeitserziehung liegt bei zwei Jahren. Etwas mehr als die Hälfte der primitiven Gesellschaften (14 von 25) beginnen mit der Reinlichkeitserziehung irgendwann im Alter zwischen anderthalb und zweieinhalb Jahren." Auf der Grundlage von Untersuchungen der neuromuskulären Entwicklung von Kleinkindern schloß ein Forscher, daß „Reinlichkeitserziehung bereits im Alter von 8 Mona-

84

ten, in aller Regel aber nach 15 Monaten beginnen kann" (Huschka 1942: 304 – 305). 1974 behauptete ein amerikanischer Ratgeber mit dem Titel *Toilet Training in Less Than a Day* (Reinlichkeitserziehung in weniger als einem Tag), daß ein Kind im Alter von 20 Monaten zur Reinlichkeit erzogen werden kann und daß im Hinblick auf unterschiedliche Grade physischer und geistiger Entwicklung einige Kinder schon etwas früher, zum Beispiel schon mit 18 Monaten, bereit sein könnten (Azrin und Foxx 1974: 43). Es ist klar, daß es beträchtliche Abweichungen und Unterschiede in der Meinung gibt, wann man ein Kind für alt genug hält, um es zur Reinlichkeitserziehung zu trainieren. Aber wir können aufgrund der vergleichenden Daten von einer interkulturellen Norm, die bei grob 24 Monaten liegt, mit einem niedrigeren Minimum von 18 Monaten in der amerikanischen Kultur (ohne die ethnischen Unterschiede in der amerikanischen Gesellschaft zu berücksichtigen), ausgehen und uns nun den deutschen Erziehungspraktiken zuwenden.

Nicht viele Sozialwissenschaftler haben sich die Mühe gemacht, genaue Daten zur Reinlichkeitserziehung zu erheben, doch gibt es einige. Im 1948 veröffentlichten *Postwar Germans: An Anthropologist's Account* finden wir folgenden Bericht: „Da die Praktiken bei der Reinlichkeitserziehung für die emotionalen Erfahrungen des Kindes von Bedeutung sind, mag es interessant sein festzustellen, wie früh das Kind im deutschen Familienleben konditioniert wird. In allen Gesellschaftsschichten beginnt die Reinlichkeitserziehung ungefähr im Alter von fünf Monaten. Deutsche Mütter glauben, daß das Kind im Alter von einem Jahr vollständig ,stubenrein' sein sollte" (Rodnick 1948: 18). Ähnliches berichtet eine umfassende Untersuchung der Reinlichkeitserziehung in einem deutsch-schweizerischen Kanton (Fuchs 1969: 90, 106). Die Schilderung einer Kindertagesstätte eines südwestdeutschen Dorfes aus dem Jahre 1964 bestätigt das anhaltende Interesse einer frühen Reinlichkeitserziehung. Vor dem Eintritt in den Kindergarten im Alter von drei bis vier Jahren können Kinder die dörfliche Kindertagesstätte besuchen. Einige werden schon sechs Wochen nach der Geburt dorthin gebracht. Hier ein Auszug aus dem Bericht:

In der Mitte des Spielbereichs saßen in einer Reihe sieben Kinder auf Töpfen. Sie waren ruhig, zufrieden und warteten anscheinend darauf, daß etwas passierte . . . Die tägliche Routine beginnt vor dem Mittagessen. Die Kinder werden zwischen 11 und 12 Uhr abgegeben, und da man ein Schläfchen für sie vorgesehen hat, beginnt man sofort mit der Reinlichkeitserziehung. Nach dieser Sitzung bekommen sie eine kleine Mahlzeit, dürfen einige Minuten spielen und werden zu Bett gebracht. Die nächsten zwei Stunden bleiben sie im Bett, sie schlafen oder ruhen sich zumindest aus. Um 15 Uhr dürfen sie aufstehen. Die Babies werden sauber gemacht, die Älteren werden wieder auf den Topf gesetzt und es wird ihnen viel Zeit gelassen, ihr Geschäft zu verrichten (Warren 1967: 41 – 42).

Nun gut, könnte man sagen, die Deutschen fangen mit der Reinlichkeitserziehung eben etwas früher an, doch was heißt das für den Zusammenhang zwischen der Reinlichkeitserziehung und den deutschen Charakterzügen Ordnung und Sauberkeit? Sind wir verpflichtet, die Behauptungen der Psychoanalytiker zu akzeptieren? Die Antwort darauf: Die Folklore hat den Schlüssel zum Verständnis. Ich glaube, demonstrieren zu können, daß die aus der Folklore gewonnenen Daten erstklassiges Beweismaterial für die Beziehung zwischen Reinlichkeitserziehung und dem deutschen Interesse an Ordnung und Sauberkeit bieten. In einer Bahnstation in Binz auf Rügen wurde 1902 folgender enthüllender Toilettenspruch gefunden. Er ist in Deutschland weithin bekannt (Luedecke 1907: 319; vgl. Praetorius 1911: 422; Krotus 1970: 15):

Wer hier will nach der Ordnung leben,
der scheiß ins Loch und nicht daneben!

In einer Variante heißt es (Anon. 1921: 506): „Reinlichkeit ist's halbe Leben; Scheiß ins Loch und nicht daneben." Ein analoger Volksreim macht die Sache zu einer Angelegenheit des Nationalstolzes (Vetten 1979 (49): 131; vgl. Borneman 1973: 371):

Meine Herren und Damen
machen Sie nicht auf den Rahmen
machen Sie in die Mitte,
das ist deutsche Sitte.

Die Verbindung zwischen dem Interesse an Sauberkeit und der Reinlichkeitserziehung ist nicht nur eine Konstruktion der Psychoanalytiker. Es ist eine Beziehung, die in der deutschen Folklore offen zutage tritt.

Natürlich scheißt nicht jeder sauber ins Loch, doch muß er sich nicht für diesen „Lapsus" entschuldigen (Waldheim 1910: 406):

Ich hab hier auf das Brett geschissen
wer sich reinsetzt den laß ich grüßen.

Der entscheidende theoretische Punkt ist, daß analerotische Charakterzüge in der deutschen Folklore in besonderer Weise mit Toilettenaktivitäten in Zusammenhang stehen, ein Zusammenhang, den die psychoanalytische Theorie nicht zur Kenntnis genommen hat. Betrachten wir die ersten zwei Strophen eines Volksliedes mit dem Titel: „Das Lied von der Reinlichkeit", das 1894 auf einem Treffen von Gymnasialschülern in Augsburg aufgezeichnet wurde (Heimpel 1912: 502;):

Um die Reinlichkeit zu fördern,

juchheidi, juchheida,
Ist vor allem zu erörtern,

juchheidi, heid,
Wie, womit, wozu und wann

Man sich reinlich putzen kann.
Juchheidi, heidi, heida,
juchheidi, juchheida
Juchheidi, heidi, heida,
juchheidi, heida!

87

Schon in seinen Kinderjahren
juchheidi, juchheida,
Hat ein jeder wohl erfahren,
juchheidi, heida,
Daß man von dem Stuhlgang her
Nicht so reinlich wie vorher.
Juchheidi, heidi, heida,
juchheidi, juchheida
Juchheidi, heidi, heida,
juchheidi, heida!

Das Lied geht noch 15 Strophen lang weiter und beschreibt im Detail verschiedene Schwierigkeiten, denen man beim Säubern des Hinterteils nach der Defäkation begegnet, und endet mit einer leidenschaftlichen Bitte: „Männer, Greise, Weiber, Kinder, haltet reinlich Eure Hintern!"

Neben der Sauberkeit werden in der deutschen Folklore auch die anderen „typischen Charaktereigenschaften erwähnt. Zum Beispiel gibt ein Rätsel eine teilweise Definition von Sparsamkeit (Krauss und Reiskel 1905: 47):

Welche Sparsamkeit ist die unverschämteste?
Wenn man in das Arschwischpapier ein Loch macht, um sich mit dem Finger den Arsch auszuwischen und das Papier wieder aufhebt.

Was immer man von der hypothetischen Verbindung zwischen strener oder früher Reinlichkeitserziehung und den sogenannten analerotischen Charakterzügen halten mag, ich glaube, daß es ein weiteres kennzeichnendes Charakteristikum kleinkindlicher Konditionierung gibt, das von ebenso großer Bedeutung sein kann wie der Zeitpunkt des Beginns der Reinlichkeitserziehung. Denn selbst wenn mit der Reinlichkeitserziehung im Alter von einem Jahr oder früher begonnen wird, gibt es schließlich einen längeren Zeitraum *vor* dieser Erziehung, und ich bin der Meinung, daß diese frühe Zeit für die Herausbildung der Erwachsenenpersönlichkeit ebenso entscheidend sein kann. Offen gesagt besteht die Schwierigkeit bei der Suche nach einer Korrelation zwischen frühester Kinderpflege und der Erwachsenenpersönlichkeit in dem bedauerlichen Mangel relevanter ethnographischer Daten. Nur wenige Beobachter haben Details und Einzelheiten der ersten Tage, Wochen und Monate im Leben eines Säuglings aufgezeichnet. Diese Daten-Lücke existiert in den meisten Kulturen. Nichtsdestoweniger gibt es einige Berichte, die uns, wenn sie repräsentativ sind, bei der Bestimmung des Wesens deutscher Säuglingpflege in vergangenen Jahrhunderten in hohem Maße helfen können.

Eine weitverbreitete Praxis in Deutschland wie auch anderswo in Europa (und in diesem Fall in Kulturen vieler Teile der Erde) war das Wickeln. (Abhandlungen über die Verbreitung und Geschichte des Wickelns siehe bei Dennis 1940: 208 – 211; Hudson und Phillipp 1968; vgl. deMause 1975: 37 – 38.) Das Wickeln besteht in dem Verpacken des Babys in lange Tuchstreifen. Bei diesem bandagierartigen Prozeß wird das Kind normalerweise unbeweglich gemacht, obwohl die Techniken sich unterscheiden und in einigen Fällen die Arme des Säuglings freibleiben.

Rousseau stritt kräftig gegen den Brauch des Wickelns von Säuglingen. Im *Émile* (1792) kritisiert Rousseau die Praxis unter philosophischen Gesichtspunkten. Seine grundlegende Prämisse, im Anfangssatz ausgedrückt, war: „Alles ist gut, da es aus den Händen des Schöpfers der Natur kommt; doch verkommt alles in den Händen der Menschen." Rousseau führt das Wickeln als extremes Beispiel menschlicher Knechtschaft an. „Der zivilisierte Mensch wird geboren, lebt und stirbt im Zustand der Knechtschaft. Bei seiner Geburt wird er in Wickeltücher genäht; bei seinem Tod in seinen Sarg genagelt und solange er lebt, wird er von unseren Institutionen unterdrückt." Rousseau nennt das Wickeln einen „unvernünftigen" und „unnatürlichen" Brauch. Er wird ganz deutlich, wenn es darum geht zu erklären, was er als angemessene Säuglingspflege empfiehlt: „Laßt das Kind nicht durch Kappen, Bänder und Wickeltücher behindert leiden; gebt ihm fließende und lockere Gewänder, die all seinen Gliedmaßen Freiheit lassen, nicht so schwer, daß sie seine Bewegungen hindern, nicht so warm, daß er keinen Eindruck von der Luft verspürt ... Legt das Kind in eine große Wiege mit vielen Kissen, wo es sich ohne

Gefahr leicht bewegen kann. Wenn es beginnt, kräftiger zu werden, laßt es durch das Zimmer krabbeln und durch Übung seine kleinen Glieder entwickeln; man wird sehen, wie es von Tag zu Tag kräftiger wird. Man vergleiche es mit einem gleichaltrigen Kind das durch Wickeltücher eingeschränkt worden ist, und man wird über den Unterschied ihrer Entwicklung erstaunt sein." Rousseau empfahl auch, daß „Kinder häufig gebadet werden sollten" (Rousseau 1906: 1, 10, 24 – 25).

In der Moderne war es Geoffrey Gorer, der die Aufmerksamkeit auf die möglichen Einflüsse des Wickelns auf die Entwicklung der Erwachsenenpersönlichkeit lenkte. Seine sogenannte „Wickel-Hypothese", zuerst 1949 vorgetragen, wurde nicht von allen Anthropologen gleichermaßen enthusiastisch aufgenommen. Viele betrachteten sie als Ausgeburt eines absurden Freudschen Reduktionismus. Einige jedoch wurden neugierig. Ruth Benedict schrieb (1949) einen kurzen Essay mit dem Titel „Child Rearing in Certain European Countries" (Kindererziehung in bestimmten europäischen Ländern), in dem sie Gorers Hypothese als Grundlage vergleichender Feststellungen heranzog. Sie machte z. B. auf einen entscheidenden Unterschied zwischen russischem und polnischem Wickeln aufmerksam. Während russische Informanten darauf hinwiesen, daß das Kind gewickelt würde, um es davor zu schützen, sich selbst zu schaden (ohne Wickeln könnte sich ein Kind die Ohren abreißen oder die Beine brechen), betrachteten polnische Informanten das Kind eher als zart und zerbrechlich, denn als selbstzerstörerisch. Daher wurden polnische Säuglinge gewickelt, um sie „abzuhärten". Auf diese Art versuchte Benedict zu zeigen, daß sich in den Rationalisierungen für das Wickeln elterliche Einstellungen zum Kind spiegelten, und sie versuchte zu demonstrieren, daß die verschiedenen elterlichen Einstellungen formativ für bedeutsame Unterschiede im Nationalcharakter sind. Die allgemeine Reaktion auf die Wickel-Hypothese war allerdings gemischt und die meisten Wissenschaftler blieben skeptisch. (Beispiele akademischer Reaktionen auf Gorers Ansichten siehe bei Mead 1954; und Kluckhohn 1962: 210 – 243).

Aus der heutigen Perspektive ist eine ernsthafte Unzulänglichkeit der Wickel-Hypothese das totale Nichtbeachten der Reinlichkeitserziehung und der Schließmuskelkontrolle (vgl. Greenacre 1944: 214). Denn es geht nicht so sehr um die Frage, *ob* ein Kind gewickelt wurde, sondern vielmehr darum, wie oft die Wickelbänder gewechselt und der Säugling gebadet wurde. Unglücklicherweise wird dieser Aspekt der frühen Säuglingspflege in den wenigen Berichten über das Wickeln selten erwähnt. Eine Ausnahme bildet Charlotte Gower Chapman mit ihrer Untersuchung eines sizilianischen Dorfes von 1928. Sie beobachtete, daß „kleine Babies wegen der Wärme und dem geraden Wuchs ihrer Beine gewickelt werden. Die Hüllen werden dreimal am Tag gewechselt" (1971: 25). Wenn wir detailliertere Berichte über das polnische Wickeln und die Häufigkeit des Wechselns der Wickeltücher hätten, könnten wir aus einer besseren Position heraus darüber theoretisieren, welche mögliche Bedeutung eine erschreckende polnische Volksmetapher für den Platz eines Menschen in der Welt hat: „Mrǔvka v'gǔvnie"; übersetzt: „eine Ameise in einem Scheißhaufen" (Stein 1978: 41). Eine deutsche Redensart zeichnet ein vergleichbares Bild: „Dastehen wie das Kind beim Dreck" (Spalding 1960: 496), doch ist die Situation offensichtlich nicht vollkommen hoffnungslos, wenn man dem Spruch Glauben schenkt „Aus beschissenen Kindern werden auch Leut" (Spalding 1955: 266).

Wenden wir uns jetzt einigen Berichten über deutsche Säuglingspflege zu, die für die gegenwärtige Untersuchung relevant sein können. Henry Mayhew, vielleicht am bekanntesten durch seine gewissenhaften Beschreibungen des urbanen Lebens in London Mitte des neunzehnten Jahrhunderts, verbrachte auch einige Zeit in Deutschland. Auf der Grundlage seines fünfjährigen Aufenthalts und einiger Untersuchungen (1864, 2: 103) veröffentlichte Mayhew 1864 seine zweibändige Arbeit *German Life and Manners*. Sein sorgfältiger Bericht enthält folgende Passage:

„Gleich nach der Geburt wird das arme Baby für mindestens vierundzwanzig Stunden mit Kräutertee und Zuckerwasser gefüttert, denn ihm wird zu dieser Zeit kein Tropfen Milch gestattet; auch erlaubt man ihm nachts nicht, bei der Mutter oder Amme zu schlafen, sondern er wird im allgemeinen in einen kleinen Tuchkorb gepackt, ein Kissen als Bett, nachdem das er-

bärmliche neugeborene kleine Ding in weiß-der-Himmel-wieviel
Ellen von Wickeltüchern gewunden worden ist, angefangen von
den Füßen und fest bis zum Hals; als ob man vorgehabt hätte,
es wie eine Mumie einzubalsamieren und der allmächtige Gott
es nicht dazu geschaffen hätte, seine Muskeln und Glieder frei
zu bewegen. Im gewickelten Zustand sieht ein neugeborenes Ba-
by aus, als ob es eine junge Karyatide mit menschlichem Kopf
auf einer formlosen Säule wäre."

Die Kleidung des neugeborenen Säuglings besteht aus einem rau-
hen Leinenhemd, den Bandagen und einem Jäckchen.

„In diesem Zustand wird es in ein Kissen oder ‚Steckbett' ge-
stopft, wie es bedeutungsvoll am Rhein genannt wird (. . .) ganz
nach der Manier einer Uhr, die in eine Uhrentasche gesteckt
wird und nicht halb so bequem wie ein junges Känguruh im
Beutel seiner Mutter. Diese gewickelten Kinder werden in
Deutschland Wickel-Kinder *genannt."*

Mayhew fährt mit der detaillierten Beschreibung der Säuglinge
fort:

„In Deutschland sind jedoch Babies ekelhafte Wesen – auf
gleicher Linie mit dem sauren, schwarzen Brei oder der Ziegen-
milch, mit der sie gefüttert werden und in hohem Maße wider-
lich wie die Exkremente, in denen sie zwölf Stunden *in*
Wickeltüchern zusammengebunden sind (die Hervorhebung
von zwölf Stunden stammt von Mayhew, nicht von mir). Die
Köpfe dieser armen Dinger werden nie gewaschen und sind wie
die Rinde eines Stilton-Käse, der Schädel schmutzverkrustet,
bis sich die Haare so sehr von den herrlich weichen Locken der
Kinder unserer Landfrauen unterscheiden wie Schweineborsten
sich von den zarten Fäserchen der Seidenraupe."

Zum Schluß sagt Mayhew: „Die Wickeltücher und Nachtmützen
behalten die Säuglinge, bis sie fast sechs Monate alt sind" (Mayhew 1864, 1: 490 – 494).

Mayhews eindrucksvoller Bericht wird von anderen Beobachtern bestätigt. Eine Frau, die auch fünf Jahre in Deutschland verbracht hatte, schrieb einen Essay über „Female Education in Germany" (Frauenerziehung in Deutschland), der 1867 im *Cornhill Magazine* erschien. Dieser Essay enthielt folgende Beschreibung:

Ein deutsches Baby ist ein klägliches Objekt; es wird in Meter von Bandagen gebunden und gefesselt, die einmal am Tag aufgewickelt werden; es wird nie gebadet, aber ich vermute, manchmal auf irgendeine okkulte Art gewaschen. Sein Kopf kommt nie mit Wasser und Seife in Berührung bis es acht oder zehn Monate alt ist, wenn die feine Schädel-Kappe aus verkrustetem Schmutz, die sich mittlerweile gebildet hat, durch die Anwendung verschiedener Salben entfernt wird. Viele deutsche Damen haben mir versichert, daß die schönen Haare, die man so häufig in Deutschland sieht, gänzlich dieser Schädel-Kappe zuzuschreiben sind. (Anon. 1867: 365)

Eine weitere Autorin, eine Engländerin mit deutschen Eltern, schrieb zu Beginn des zwanzigsten Jahrhunderts ein Buch mit dem Titel: *Home Life in Germany*. Sie liefert folgenden Bericht über das Säuglingsleben:

„Wenn das Baby gekommen ist, darf es wochenlang nicht vor die Tür. Luft und Sonnenlicht werden am Anfang als gefährlich betrachtet, ebenso Seife und ein unmäßiger Gebrauch von Wasser. Acht Wochen lang liegt es Tag und Nacht im Steckkissen, ein langer Beutel, der seine Beine und den Körper, jedoch nicht die Arme gefangenhält. Der Beutel ist mit Watte gepolstert und eine deutsche Kinderfrau, die mir stolz einen zeigte, versicherte mir, daß, während die Knochen eines Kindes weich sind, es nicht ungefährlich sei, es auf andere Weise hochzunehmen. Diese Beutel sind vergleichsweise modern und haben die Wickeltücher abgelöst, die in einigen Teilen Deutschlands noch benutzt werden. Dies sind Bandagen, in die das Kind wie eine Mumie gewickelt wird und seine Arme wie auch die Beine gefangenhalten. Ein deutscher Doktor sagte mir, da diese Wickel-

kinder nie Freiheit kennengelernt hätten, würden sie diese auch nicht vermissen; doch schien er den modernen Kompromiß, der den oberen Gliedern einige Bewegungsfreiheit läßt, gutzuheissen." (Sidgwick 1912: 7 – 8)

Man fragt sich, wie lange das Wickeln in Deutschland schon praktiziert wird. Die zur Verfügung stehenden Dokumente aus der Kunst lassen auf einen sehr alten Brauch schließen. Von den Abbildungen eines gewickelten Jesuskindes bis zu Wickelpuppen läßt sich die Existenz des Wickelns in Deutschland mindestens für einige Jahrhunderte dokumentieren (vgl. Müllersheim 1904: 103 – 123).

Obwohl man immer auf Vorurteile und Verzerrungen achten muß, die sich in die Berichte über eine Kultur durch Mitglieder einer anderen Kultur einschleichen können, gibt es eine große Übereinstimmung in den unabhängigen Beschreibungen der Kinderpflege in Deutschland. Mayhew war insbesonders durch die von ihm beobachtete Wickelpraxis beeindruckt, so sehr, daß er das Bild vom Wickelkind als eine Art wiederkehrendes Leitmotiv in seiner Ethnographie benutzte, da es ihm als eine nützliche Metapher für die deutsche Persönlichkeit schien − und er tat dies fast ein Jahrhundert bevor Gorer seine Wickel-Hypothese vortrug! Mayhew gab zu verstehen, daß die Regierung die deutsche Bürgerschaft behandele „als ob sie buchstäblich die *Kinder* des Vaterlandes wären: mit ihnen tatsächlich so umzugehen, wie es deutsche Kinderfrauen mit neugeborenen Säuglingen tun − die armen Dinger in endlose Wickeltücher fesseln, bis sie nicht mehr die Fähigkeit besitzen, Arme und Beine zu bewegen, als ob der Allmächtige nie vorgehabt hätte, ihnen die geringste Freiheit zu lassen." Mayhew betrachtet das deutsche Erziehungssystem als eine Fortsetzung des Wickelns:

„In Deutschland jedoch werden die jungen Menschen zum Respekt, wenn nicht gar zur Ehrfurcht gegenüber dem Pädagogen erzogen, so daß unser echter Deutscher eher die Wahrheit der Offenbarung in Frage stellen würde, als die vom Schulmeister oder Sachverständigen gelernten Grundsätze zu bezweifeln.

Folglich beginnt er sein Leben eingeengt, wie ein Wickel-Kind,
von allen Arten ästhetischer, rhetorischer und philosophischer
Bandagen in Form von scholastischen Dogmen; und konse-
quenterweise wächst er mit mentalen Funktionen auf, die von
Vorschriften dermaßen verkrüppelt sind, daß er unfähig ist,
den Rest seiner Tage alleine zu gehen." (Mayhew, 2: 640 – 641;
1: 541)

Es ist aufschlußreich, Mayhews metaphorischen Bericht über das,
was er für das Wesen der deutschen Persönlichkeit hielt, mit einer
von einem deutschen Psychologen im zwanzigsten Jahrhundert
geschriebenen Untersuchung zu vergleichen. In *Der Deutsche. Sei-*
ne Psychologie & Kultur: Eine Untersuchung des Volkscharak-
ters, zuerst 1922 veröffentlicht, legt Müller-Freienfels besonderen
Wert auf die Beschreibung dessen, was er „freiwillige Annahme
selbstauferlegter Zwänge" nannte. In seiner ausführlichen Erörterung der „freien Annahme des Zwangs" und der „freiwilligen Bindung des Selbst" stellt er jedoch keinen Bezug zum Wickeln her.
Wenn er jedoch mit der Etikettierung des Phänomens, das er des
„Deutschen freiwillige Annahme von Zwang" nennt, recht hat,
könnte dies sehr wohl eine Reflexion − wenn nicht gar eine Folge − des Säuglingswickelns sein. Müller-Freienfels tendiert dazu,
eher zu beschreiben als zu erklären, was er meint: „Der Deutsche
fühlt sich nur wirklich wohl, wenn er eine Art Verein mit Statuten,
Paragraphen, Vorstand, Mitgliederabzeichen und vielen anderen
Zeichen seines Gebundenseins organisiert. Diese Form sozialen
Lebens, beherrscht vom Prinzip freiwilligen blinden Gehorsams,
ist etwas ausdrücklich Deutsches und entspringt ziemlich orga-
nisch dem Charakter deutschen Geistes. Das Bedürfnis nach ge-
setzlicher Kontrolle und Führung entsteht aus einer bestimmten
Unfähigkeit zur Selbstführung" (1936: 138 − 140, 147 − 149, 227;
ein ähnliches Argument im Zusammenhang mit dem Wickeln bei
slovakischen Amerikanern und ihren späteren Resignationsgefüh-
len als Erwachsene sowie der Unterwerfung unter äußere Autorität ist zu finden bei Stein 1978).
Thomas Mann meinte in seinem kurz nach dem Zweiten Weltkrieg geschriebenen Essay „Deutschland und die Deutschen", daß

die vielleicht bemerkenswerteste Eigenschaft der Deutschen das ist, was er als „Innerlichkeit" bezeichnete. Er fand, der Begriff sei schwer zu definieren. Das Wickeln, so ließe sich argumentieren, könnte solch eine Eigenschaft erklären. Ein fest eingebundener Säugling hat wenig Möglichkeiten zur Interaktion mit der äußeren Welt und kann nicht viel mehr tun, als sich nach innen zu wenden. In einem politischen Sinne auf die deutsche Auffassung von Freiheit Bezug nehmend fragt Mann: „Warum muß der deutsche Drang nach Freiheit immer so gleichbedeutend mit innerer Versklavung sein?" (Mann 1946: 223 – 241). Und wieder kann das Wickeln einen Teil dieses Gefühls der Selbstversklavung erklären.

Zwei scharfsinnige Kenner des deutschen Charakters lenkten die Aufmerksamkeit auf die Bedeutung von Metaphern, welche die Behinderung der freien Bewegun thematisieren. Eine Reihe solcher Metaphern hat das Verb *binden* zum Kern.

Eine „Bindung" kann den (erwünschten oder unerwünschten Verlust von Freiheit bedeuten, oder eine Zuneigung. Einen Dienst anzuerkennen, heißt „verbunden" zu sein. Ein „Bund" ist etwas in der Art einer Liga ... Eng im Zusammenhang stehen „binden" und „fesseln" ... Ein spannender Roman ist „fesselnd" ... Andere Ausdrucksweisen, die eine Beraubung oder Behinderung der Bewegung beschreiben, sind „in die Enge getrieben werden", „eingekreist werden" ... Auf ähnliche Weise lassen sich auch Vergünstigungen durch die Lockerung oder Lösung äußerer Beschränkungen der Bewegung beschreiben, z. B. „sich aus der Umklammerung befreien", „Bewegungsfreiheit", „uneingeschränkt", „Erlösung". (Kecskemeti und Leites 1947: 152)

Obwohl die Autoren den Analcharakter der Deutschen erkennen, erklären sie jedoch nicht die offensichtliche deutsche Vorliebe für solche Metaphern. Ich möchte zu bedenken geben, daß das Wickeln zum Teil die Popularität dieser Art Stamm-Metaphern erklären könnte. Auch Lewin (1936: 27) lenkte die Aufmerksamkeit auf den relativen Mangel an Raum oder freier Bewegung deutscher Kinder im Vergleich zu amerikanischen Kindern.

Ich glaube, daß Mayhew auf der richtigen Spur war, und daß er die psychoanalytische Theorie antizipierte, die eine Verbindung oder Korrelation zwischen Säuglingspflege und Erwachsenenpersönlichkeit postuliert. Der fortwährende Gebrauch der deutschen Redensart „Der ist schief gewickelt" die nahelegt, daß ein irregeleiteter Mensch als Säugling durch mangelhafte Kinderpflege beeinträchtigt wurde, deutet an, daß selbst das Volk den Zusammenhang zwischen Säuglingspflege und Erwachsenenpersönlichkeit wahrgenommen haben könnte. Man kann vermuten, daß die folgenreiche deutsche Auffassung von Lebensraum im zwanzigsten Jahrhundert mehr als die politische Geschichte oder die Besonderheiten der Persönlichkeit Hitlers reflektierten. Es wäre vorstellbar, daß die Lebensraum-Idee auf die schmerzhaften Erfahrungen der Kinder mit Beschwerlichkeiten der strengen Wickeltechnik zurückgeht. Wie ein Säugling mehr „Lebensraum" sucht, so könnten Erwachsene der gleichen Kultur eine Idee sehr attraktiv finden, die der Nation (und ihren Bürgern) Gelegenheit biete, sich zu bewegen und auszubreiten.

Es einem Säugling zu erlauben, in seinem eigenen Kot und Urin stecken zu bleiben und auf der anderen Seite auf früher Topf-Erziehung zu bestehen, ist kein Widerspruch. Ein Nietzsche-Epigramm aus *Jenseits von Gut und Böse* faßt das scheinbare Paradox zusammen: „Der Ekel vor Schmutz kann dermaßen groß sein, daß er uns davon abhält, uns zu reinigen" (Kaufmann 1968: 276). Eine unter dem Einfluß der Reaktionsbildung stehende deutsche Mutter könnte sich einfach nicht mit den Fäkalien ihres Säuglings beschäftigen wollen. So würde sie zuerst Zuflucht zum Wickeln mit minimalem Wechsel nehmen, um später, jedoch so früh wie möglich, mit der Reinlichkeitserziehung des Säuglings anzufangen. All diese Tätigkeiten stehen mit dem Wunsch in Einklang, engen Kontakt zu Fäkalien zu vermeiden. Doch kann es sein, daß die Reaktionsbildung nicht immer erfolgreich verläuft. Diese Auffassung ist von der Vorstellung abhängig, daß man ein Bedürfnis dadurch kompensiert, indem man dem Gegenteil frönt. So wird ein auf Schmutz fixierter Mensch zwanghaft sauber – auf die gleiche Art, wie ein potentieller Alkoholiker zu einem Verfechter der Abstinenz wird. Doch der ursprüngliche Impuls wird nicht immer eliminiert. Deshalb, so vermute ich, haben wir in der deutschen Kultur ein Doppel-Image von „sauber und schmutzig", das zu gleicher Zeit auftritt. Die Deutschen mögen der Sauberkeit Lippendienste erweisen, doch tief im Inneren schwelgen sie im Schmutz.

Man findet keine knappere Kodifizierung des Unterschieds zwischen manifestem und latentem Inhalt als das sprichwörtliche „Außen hui! Innen pfui!", das sowohl im neunzehnten als auch im zwanzigsten Jahrhundert populär ist (Spalding 1974: 1378). Die Bestätigung der Heuchelei der Reaktionsbildung wird gleichermaßen in einer Berliner Version augenscheinlich: „Oben hui, unten pfui". Eine weitere Version aus Bayern ist sogar noch direkter: „Oben beglissen, unten beschissen" (Abraham 1953: 388 n. 1). Die deutsche Redensart „Es ist nicht alles Gold, was glänzt" bestätigt zusätzlich die symbolische, bekannte Gold-Fäkalien-Gleichung: „Es ist nicht alles Gold, was glänzt! Sagte der Herr – da war er in einen Haufen Kleinkinderscheiße getreten" (Berliner 1910: 379).

Die deutsche Doppel-Faszination von Sauberkeit und Schmutz findet ihren Ausdruck auch in der Kunst, namentlich in Skulpturen. So könnte beispielsweise das Bedürfnis, sich von Schmutz zu befreien, die Wasserspeier an mittelalterlichen Kirchen hervorgebracht haben. Wasserspeier waren Regenwasserabflüsse, die das Kirchenäußere reinigten. In Deutschland hatten die Wasserspeier manchmal die Form von Hintern. Ein klassisches Beispiel ist am Freiburger Münster zu finden, wo der herausgestreckte Arsch einer gebeugten Figur den Wasserabfluß bildet. (Rollfinke 1977: 27).

Einige neuere Untersuchungen stützen die „sauber-schmutzig"-Diskrepanz. In einem 1976 veröffentlichten langen Report mit dem Titel: „Wie sauber sind die Deutschen?" stellte man fest, daß, obwohl sich die Deutschen als ein sehr sauberes Volk fühlten – Sauberkeit und Fleiß sowie Ordentlichkeit waren die herausragenden Selbst-Stereotypen – die Praxis der täglichen Hygiene das Gegenteil erwiesen (Anon. 1976: 126–144). Die Mehrheit der 1964 und 1975 in einer Umfrage befragten Erwachsenen badeten nur einmal wöchentlich. Ein Umfrageergebnis besagte, daß nur 11%

eine eigene Zahnbürste besaßen. Eine 1975 durchgeführte Untersuchung förderte zutage, daß 43% aller Deutschen nie die Zähne putzten (vgl. Schalk 1971: 56). Nach der Umfrage von 1964 wechselten 12% ihre Unterwäsche täglich, 52% jeden zweiten oder dritten Tag, wohingegen 31% ihre Unterwäsche länger als eine Woche trugen (Anon. 1976: 130). Vor mehr als einem Jahrhundert beobachtete Mayhew, daß die Unterwäsche nur einmal im Monat gewechselt wurde (1864, 1: 215).

All dies scheint die Behauptung zu stützen, daß die Kombination von sauber und schmutzig: sauberes Äußeres – schmutziges Inneres, oder saubere Form und schmutziger Inhalt, sehr wohl ein Teil des deutschen Nationalcharakters ist. Erich Kahler beschreibt das Phänomen 1974 in seinem Buch *The Germans* in allgemeinen philosophischen Begriffen: „Wie in der Philosophie mußte der deutsche Geist jetzt auch in der Literatur zwei entgegengesetzte Tendenzen in Einklag bringen, eine ließ Emotion und Inspiration freien Lauf, die andere schreib rationale Disziplin vor" (1974: 250). Kahler sagt nichts über anale Charakteristiken. Er kennt, wie andere deutsche Intellektuelle, Freud, aber er zieht es vor, die Freudsche Analyse a priori abzulehnen – man sollte meinen, ein guter Deutscher würde sie a posteriori ablehnen! Angesichts der überwältigenden Menge der in dieser Untersuchung aufgeführten Daten aus der Folklore fragt man sich, wieviele Untersuchungen, die vorgeben, die deutsche Psyche zu behandeln, weiterhin diesen Aspekt des deutschen Charakters so völlig ignorieren können.

Es ist eine Sache, zu behaupten, daß die deutsche Vorliebe für skatologische Themen wesentlich für ein besseres Verständnis der deutschen Kultur ist; eine ganz andere ist es, dies zu demonstrieren. Der wesentliche Punkt ist der, daß eine Untersuchung des Nationalcharakters eines Volkes kein Selbstzweck sein sollte. Sie ist nur ein Instrument, das uns hilft, die Feinheiten eines Volkes oder einer Kultur auch immer zu verstehen. Aus diesem Grund möchte ich diesen Essay damit abschließen, daß ich ausgewählte Aspekte der deutschen Kultur untersuche, etwa die Vorliebe für bestimmte Speisen, die Entwicklung des Buchdrucks und den Anti-Semitismus. Es könnte den Anschein haben, als handele es sich dabei um völlig verschiedene Themen, doch hoffe ich zu zeigen, daß die hier vorgestellte Analyse des deutschen Nationalcharakters all diese Themen zu einem Bestand-Teil des gleichen, durchgängigen Musters macht. Anthropologen, die eine ganzheitliche Sichtweise von Kulturen vertreten, sind mit der Annahme vertraut, daß ein kulturelles Muster allgegenwärtig sein kann, daß es sich in einer unendlichen und verwirrenden Vielfalt kultureller Eigentümlichkeiten manifestiert, die von kulinarischen Gewohnheiten bis zu ideologischen Systemen reichen. Entsprechend solch einer Sichtweise kann das durchgehende Muster des Ganzen in jedweder Komponente gefunden werden. Dieser Essay selbst beabsichtigt eine Demonstration eines solchen ganzheitlich Kulturellen Zusammenhangs. Es liegt beim Leser zu beurteilen, ob diese repräsentativen Aspekte deutscher Kultur in neuem Licht gesehen werden können.

Es ist keine Frage, daß die Deutschen mit einer ausgeprägten Vorliebe an das Endprodukt des Essens denken, ebenso gern bringen sie beide Seiten des Verdauungsvorgangs in Verbindung miteinander. Am 6. Juni 1971 schrieb Mozart in einem Brief an seine Frau, die zur Kur in Baden weilte: „Ich bin entzückt, daß Du einen guten Appetit hast − aber wer viel frißt, muß auch viel scheißen − nein, ich meine, viel spazierengehen . . . Hör zu, ich möchte Dir etwas ins Ohr flüstern − und Du in meins . . . wir können zuletzt sagen: ‚Es hat alles mit Plumpi-Strumpi zu tun-‘“ (Anderson 1938, 3: 1416). Die Bedeutung des unsinnigen Wortes „Plumpi" ist nicht eindeutig geklärt, aber es könnte sehr wohl mit der onomatographischen Wurzel in Beziehung stehen, die in Slangwörtern für Defäkation im Freien benutzt werden, z. B. Plumpsklo, Plumpsabe, Plupsdingsbums usw. (Siehe Borneman 1971: 72.12). Johann Georg Hamann (1730 − 1788), ein Zeitgenosse Herders und Kants, auf den häufig als Magus des Nordens Bezug genommen wurde, bemerkte 1787 einmal in einem Brief an eine Frau: „Es ist Mittag und ich erfreue mich dessen, was ich esse und was ich trinke und ebenso des Augenblicks, wenn ich von beiden befreit werde und der Erde wiedergebe, was man ihr genommen hat. Vergeben Sie mir die rüde Natursprache . . ." (Alexander 1966: 59 n. 1). Defäkation ist so erfreulich wie Essen. Essen und Nahrung werden häufig in Begriffen wahrgenommen[1].

Die kurzlebige Natur der Nahrung, wie auch des Lebens selbst, erweist sich als populäres Thema deutscher Toilettenwand-Graffiti der „Weiterverarbeitung". In einem Latrinenvers in Wetti Hillischs Memoiren einer Toilettenfrau finden wir ein typisches Beispiel (Himmlisch 1907: 36):

Die größten Meisterwerke der Küche
Geben hier die übelsten Gerüche.
Je mehr die Köche zeigten ihre Künste,
Je ärger hier duften die Abfuhrdünste.
Da hilft nicht Ästhetik und nicht Devotion
Hier bist du ein einfacher Erdensohn.

Ein schärfer formulierter Latrinenzweizeiler artikuliert dieselbe Gleichung wie folgt (Waldheim 1909: 436): „Was für das Maul die Speise, ist für den Arsch die Scheiße". Andere Verse geben vor, sich dafür zu bedanken, daß der Prozeß nicht umgekehrt verläuft, das heißt, daß Fäkalien gegessen werden (Waldheim 1910: 404; Plsterer 1908: 163; vgl. Schenk 1912: 503):

Hier ist der Ort, wo man ausscheißt,
was man Tags zuvor gespeist;
gottlob, daß wir nicht speisen müssen,
was wir Tags zuvor geschissen.

In Deutschland findet man zahlreiche Objekte, die das deutsche Interesse an der Transformation von Nahrung in Fäkalien reflektieren. Wie schon von Freud bemerkt, ist die Gestalt des Dukatenscheißers populär, aber es ist noch bemerkenswerter, daß die Figur in Süßwarenläden in Form von Schokolade oder Marzipan erhältlich ist. Es ist nicht einzuschätzen, welche Kulturen an der Vorstellung Geschmack finden können, eine kleine Figur zu essen, die im Defäkationsakt dargestellt ist. Die Vorstellung, Fäkalien zu essen, wird erzeugt durch Produkte wie die kleinen Plastiksenftöpfe in Form von Toilettensitzen, oder auch durch ein Mürbegebäck (mit Rosenwasser als herausragender Zutat), das „Nonnenfürzchen" genannt wird (Spalding 1966: 887). Im Sinne der anal-

101

erotischen Neigung, sich in Umkehrungen zu ergehen, haben wir hier Fäkalien, die zu Nahrung werden, statt der Nahrung, die zu Fäkalien wird.

Angesichts des Zusammenhangs von Nahrung und Fäkalien sollte es nicht überraschen, daß in der deutschen Folklore spezifische Nahrungsmittel wegen ihrer tatsächlichen oder eingebildeten Ähnlichkeit mit Körperausscheidungsprodukten bevorzugt erwähnt werden. Schokolade ist ein offensichtliches Beispiel (vgl. Legman 1975: 924), wie zahlreiche Anspielungen in der Folklore bestätigen. Zum Beispiel in einer Volksliedversion (Schweigmann 1970: 129) des Märchens, das vielen als die berühmte Erzählung des Müllers bei Chaucer bekannt ist (Aarne-Thompson Erzählungstyp 1361, *Die Flut*), wo sich der blinde Sohn eines Bauern der Tür seiner geliebten Grete nähert:

Doch Grete hält nur den Arsch hinaus
Und Hans, der gab ihr einen Kuß darauf.
„Ach Grete, hast du ein breites Gesicht,
Du hast ja gar keine Neese nicht.
Ach Grete, Grete, du bist mein Leben
Doch hast du Schokolade um's Maul zu kleben."

Eine Version der Geschichte erscheint in der „Serenaden"-Episode von Wittenwilers *Ring* aus dem fünfzehnten Jahrhundert (Wittenwiler 1956: 18). (Übrigens, so zotenhaft Chaucers Version ist − das ‚Gesicht' läßt einen Furz − gibt es dort keine Erwähnung von „Schokolade" um den „Mund".) (Anm. d. Übers.: Mit Sicherheit, weil es zu Chaucers (ca. 1340 − 1400) Zeiten noch keine Schokolade/Kakao gab.)

Es existieren auch Beispiele aus jüngerer Zeit. Ein Kinderreim, der 1960 aus West-Berlin berichtet wird (Borneman 1974: 180):

Ich weiß 'ne Frau
Trinkt nur Kakao,
Scheißt Schokolade
Auf ihre Wade
Ist das nicht schade?

Vielleicht ist es nur ein Zufall, daß deutsche und besonders schweizer Schokolade für ihre hohe Qualität weltberühmt ist. Wenn es nicht die Farbe der Nahrung ist, die an Fäkalien erinnert, kann es der Geruch sein. Dies könnte ein Grund sein, warum Käse häufig in skatologischen Zusammenhängen auftaucht. (Siehe die Stichworte unter „Käse" in Borneman 1971, oder die Kinderreime in Borneman 1974: 130 – 131.) Man kommt nicht umhin, an deutsche Käsesorten mit strengem Geruch, wie etwa Harzer, zu denken.

Schokolade und Käse mögen schon offensichtliche Beispiele sein, doch wenn es einen Artikel gibt, der für die deutsche Küche als typisch betrachtet wird, ist es die Wurst. Schalk beobachtet: „Höchst auffällig sind die tadellosen, fleckenlos sauberen Fleischläden mit reihenweis dutzenden von Würsten, ganz zu schweigen von den zahlreichen Würstchenständen überall" (1971: 6). (Über die große Vielfalt und Allgegenwärtigkeit der deutschen Würste, siehe Mayhew 1864, 1: 39 – 40.) Obwohl eine Wurst offensichtlich eine phallische Bedeutung haben kann, besteht sie in Wirklichkeit aus Innereien von Tieren, und die Außenhaut ist normalerweise ein Tierdarm.

Die analen Assoziationen zu Würsten sind nichts Neues, im zwanzigsten Jahrhundert Erfundenes. Hinweise auf solch eine Assoziation im siebzehnten Jahrhundert finden wir in der Korrespondenz der oben erwähnten Liselotte. In einem Brief, datiert 31. Oktober 1694, den Elisabeth Charlotte von ihrer Tante erhielt, der Frau des Kurfürsten von Hannover, eine mögliche Reaktion auf ihre Klage über ihr Problem, sich in Fontainebleau Erleichterung zu schaffen, finden wir folgende Passage: „Wenn aus Fleisch Scheiße wird, dann stimmt es auch, daß aus Scheiße Fleisch wird ... Ist es denn nicht so, daß an den delikatesten Tafeln Scheiße in Ragouts serviert wird ... die Blutwürste, Kaldauen, die Würste, sind sie nicht Ragouts in Scheiß-Säcken?" (Bourke 1891: 32).

Auf ähnliche Weise beginnt Goethe in seinem Einakter „Hanswursts Hochzeit" die Beschreibung des Hanswurst unter anderem mit (Goethe 1964: 488):

Seine Lust, in den Weg zu scheißen,
Hab nicht können aus der Wurzel reißen.
Indes er sich am Arsche reibt
Und Wurstel immer Wurstel bleibt.

Die Materialien aus der Folklore sind unzweideutig. Betrachten wir das folgende Rätsel, von dem 1908 aus Zwickau berichtet wird (Luedecke 1912: 504):

Die drei größten Weltwunder?
Der Schniepel steht und hat keine Beine,
die Votze hat ein Loch und kann Wasser
halten, der Arsch hat keine Zähne und
beißt die größten Würste ab.

Andere Rätsel bestätigen den Sprachgebrauch: „Wann wird eine Knackwurst ungenießbar?" „Wenn man das ‚n' herausnimmt." (Krauss und Reiskel 1905: 34). Die Latrinenverse sind gleichermaßen eindeutig (Luedecke 1907: 321; Schnabel 1910: 402):

In diesem Hotel
gibts warme Würste ohne Schell (Schale).
Hier öffnet jeder Arsch ein Thor
Und die Wurste kommen hervor,
Und der Schwanz in aller Ruh
Hängt daneben und sieht zu.

Dieses Verständnis von Wurst ist auch heute noch virulent. Günter Grass spricht beispielsweise in *der Blechtrommel* (1962: 202) von SA-Leuten, die in von ihnen geplünderten Läden „braune Würste" hinterlassen, eine modernisierte Version des *grumus merdae* (vgl. Friedman 1968: 175). Ebenso sind zahlreiche Kinderreime (Borneman 1974: 138 – 141) wie auch ein älteres Volkslied völlig der „Wurst" gewidmet (Storck 1895: 388).

Die funktionale Gleichsetzung von Käse und Wurst mit Fäkalien wird auch durch die Identität der Bedeutung folgender alternativer Ausdrucksweisen zu verstehen gegeben:

Das ist mir Wurst
Das ist mir Käse
Das ist mir scheißegal

Alle drei Ausdrucksweisen bedeuten: „Das ist mir gleich". Weitere Hinweise aus der Volkssprache bestätigen die skatologische Signifikanz von Schokolade und Wurst — so sind Slangausdrücke für die Toilettenfrau unter anderem: „Schokoladenfrau" und „Würstchenfrau" (Borneman 1971: 72.23).

Wir können jetzt das deutsche Vergnügen am Essen von Würstchen besser würdigen (und warum sie Hanswurst zum Namen eines ihrer liebsten Volkscharaktere wählten). Die Tatsache, daß es für das Symbol „Wurst" sowohl sexuelle (phallische) als auch analerotische Assoziationen gibt, ist in der deutschen Kultur kein Hindernis.

Die deutsche Liebe zu Würsten wurde von den deutschen Juden offensichtlich geteilt. Deutsche Juden sind sowohl Deutsche als auch Juden. Wir verstehen nun die Abneigung polnischer Juden, deutsch-jüdische Speisen zu essen. Polnische Juden, die sich im Rheinland niedergelassen hatten, argwöhnten, daß das von den deutschen Juden benutzte Geschirr nicht die Anforderungen der rituellen Sauberkeit erfüllte. Polnischen Juden wurde geraten, nicht vom Geschirr der deutschen Juden zu essen, da die Rheinländer Abfälle von Innereien und Fette äßen. (Pollack 1971: 109 – 110, 282, n. 108). Deutsche wie auch deutsche Juden hatten keine Probleme, gefüllte Innereien in der Form von Würsten zu essen.

Es existieren weitere deutsche Geschmackvorlieben, die wir jetzt besser verstehen können. Zum Beispiel die deutsche Liebe für Blasinstrumente — insbesondere Blechblasinstrumente — wie es aus dem der deutschen Biergarten-Kapellen und dem kultivierten Einsatz in der Musik von Beethoven und Wagner offensichtlich ist. Eine traditionelle Redensart, die vorgebracht wird, nachdem jemand Wind gelassen hat, (vgl. Rühmkorf 1967: 56) lautet:

Osso sagt Goethe, der Arsch ist kein Flöte
Osso sagt Schiller, ein Furz ist kein Triller.

Eine deutsche Postkarte von ca. 1907 (Ouellette 1975: 81) zeigt das Bild eines „Blasorchesters", auf dem der Dirigent in der Mitte vier Bläser leitet. Die Gesichter aller Spieler sind Hintern und die

Abb. 7: Die „Judensau" wird schon im 14. Jahrhundert dargestellt – die spezielle Kombination von Fäkalien und Nahrung wurde nur im deutschen Sprachraum thematisiert

den Instrumenten entlockten Geräusche sind deutlich als aus dem Anus kommend dargestellt. Ein Zweizeiler (Limbach 1980: [44]), der unter Orchestermusikern zirkuliert, bestätigt die Metapher: Was selbst Mozart anerkennt: Der Hintern ist ein Instrument. In diesem Zusammenhang können wir anmerken, daß Mozart „die Explosionen von Luft aus Blasinstrumenten in einem spaßhaften Sinne" einsetzte, „der unmißverständlich eine Parallele zu der Komik in seinen Briefen" (Brophy 1964: 254) bildete. Die Assoziation von Blähungen und Blasmusik wurde von einer Reihe Autoren erwähnt (Merrill 1951: 560; Collofino 1939: 444 – 445), wenngleich auch ohne besonderen Bezug auf Deutschland.

Ein weiteres Element der deutschen Kultur, das im Licht der deutschen Analerotik gesehen werden kann, ist die Freude am Baden im Schlamm. Die deutschen Kurorte profitieren von der vermeintlichen Heilkraft ihrer Mineralwasser, sehr häufig jedoch ist es heilkräftiger Schlamm, der die wohltuenden Wirkungen erzeugt. Schon die bloße Erwähnung eines Schlamm*bades* scheint ein Paradox zu sein, doch braucht man nur einen flüchtigen Blick auf eine Deutschlandkarte zu werfen, um eine Reihe von Städten und Orten zu entdecken, deren Name das Wort „Bad" beinhaltet, Baden-Baden, Wiesbaden und so weiter. Schalk sagt in *The Germans* (1971:52): „Die Entdeckung einer neuen Mineralquelle oder das Ausfindigmachen eines besonders feinen Schlamms ist in Deutschland gleichbedeutend mit einem Ölfund in Texas. Falls dem Wasser oder Schlamm heilkräftige Wirkungen medizinisch nachgewiesen werden können, wird jubelnd das Präfix ‚Bad' angenommen und die Gemeinde ist im Geschäft."

Es wurde auch beobachtet, daß therapeutisches Baden sowohl in der medizinischen Praxis als auch bei der Heimbehandlung kleinerer Beschwerden weit verbreitet ist. Gemäß Spindler (1973: 62 – 63) umfaßt die deutsche Bade-Typologie das „Sitzbad", das „Luft-Licht-Bad" (der Körper wird mit Wasser besprüht und der Badende läuft danach nackend und tief atmend herum), das „Dampfbad" (Dampf von kochenden Heublüten, Hafer, Stroh oder der Zinnie wird auf den leidenden Körperteil geleitet), das „Bettdampfbad" (der nackte Patient wird in ein vorher in lauwarmes Wasser getauchtes Laken gewickelt, danach in Wolldecken eingehüllt und bekommt heiße Wärmflaschen unter die Achseln und Füße. Nach zwei oder drei Stunden Schwitzen wird der Patient mit kaltem Wasser gewaschen), das „Reibebad" (der Patient sitzt in einer Wanne auf einer kleinen Bank und reibt kräftig mit einem in kaltes Wasser getauchten Handtuch seinen Körper von der Magengrube abwärts), die „Ganzwaschung" (der Patient wäscht seinen ganzen Körper, bei den Füßen anfangend zum Oberkörper hin und hört mit dem Rücken auf), und, natürlich, das Schlammbad, das dem Sitzbad gleicht, nur daß dem Wasser Schlamm beigemischt ist.

Aus unserer vorhergehenden Diskussion können wir erkennen, wie sich die Idee des Schlammbades in das „sauber-schmutzig"-Paradigma einfügt. Man badet, um sich zu säubern, aber man badet im Schlamm, um im „Schmutz" zu schwelgen. Relevant ist hier auch die erotische Bedeutung des Schlamms in der deutschen Kultur. Schlammringkämpfe zwischen halbnackten Frauen erfreuen sich einer gewissen Beliebtheit in Deutschland. Die Zuschauer in der Nähe des Rings sind durch Plastikmützen geschützt. So kann das Publikum sauber bleiben, während es Spaß am Schmutz hat!

Ein weiterer Aspekt der deutschen Kultur, der möglicherweise in Beziehung zum deutschen Nationalcharakter steht, ist die Entwicklung der Buchdruckkunst. Jedes Schulkind lernt, daß die Druckerpresse im fünfzehnten Jahrhundert in Deutschland erfunden wurde, und daß Johann Gutenbergs Bibel das erste gedruckte Buch war. Ein interessanter Hinweis zur Stützung der Ansicht, daß Drucken in Verbindung mit Fäkalien (Dreck) stehen könnte, ist ein Initiationsritual, das Gautschen, das die Drucker noch heute pflegen. (Wenn Philologen auch einwenden mögen, daß die Worte „drucken" und „Dreck" nicht in Zusammenhang stehen, hält es die Menschen in keiner Weise davon ab, sich Wortspiele zu gestatten oder die zwei Begriffe auf andere Weise in Verbindung zu bringen.)

Im April 1883 schloß Philipp Scheidemann, der später der erste Kanzler der Weimarer Republik wurde, eine vierjährige Druckerlehre ab. Das Diplom, in fünf Farben gehalten, verkündete:

Purpur, Gold, Blau, Silber der Kaiser uns gab –
Und schwarz drucken stets unsere Lettern sich ab –
Frei ist die Kunst!

Doch bevor das Diplom überreicht wurde, mußte sich der Lehrling einer Art Taufe unterziehen. Das „heilige Wasser" wurde jedoch nicht auf den Kopf gespritzt. Es war vielmehr in einem riesigen Schwamm, der auf dem drei Fuß hohen Pult des Korrektors lag. „Man wird dreimal mit bemerksenswerter Wucht auf diesen Schwamm fallen gelassen", während die Einweihenden eine seltsame Beschwörungsformel vor sich hin murmeln:

Packt an! Laßt seinen Corpus posteriorum fallen
Auf diesen unseren Schwamm, bis triefen beide Ballen.
Der durstigen Seele gebt ein Sturzbad oben drauff!
Das ist dem Sohne Gutenbergs die allerbeste Tauff.

Dem Lehrling, der diese Prüfung überstanden hat, wird darauf ein Taufzertifikat überreicht, das bestätigt, daß sich Herr Philipp Scheidemann der Taufe durch Wasser *ad posteriora* unterzogen hat und damit ordnungsgemäß der Bruderschaft der Schwarzen Kunst angehört (Scheidemann 1928: 17 – 19).

Diese Betonung des Hinternsäuberns als Teil eines Initiationsrituals weist zumindest auf die Wichtigkeit der Säuglingspflege hin, doch die spezifische Assoziation des Druckens von Lettern in schwarz gefolgt von einem kräftigen Tunken des Hinterteils auf einen Schwamm, läßt auf einen analen Zusammenhang mit dem Buchdrucken schließen Die *Umkehrung* des Rituals bei der Initiation spricht für sich. Nicht der Kopf kommt mit dem heiligen Wasser in Berührung, sondern der Hintern. Nicht der Schwamm wird zum Reinigen des Hinterns verwendet, sondern der Hintern wird anscheinend dem Schwamm nahegebracht.

Dieser Brauch allein würde schwerlich ausreichen, einen analerotischen Zusammenhang zur Druckerei herzustellen, aber wiederum ist Material aus der Folklore hilfreich. Ein Rätsel gibt uns einen Anhaltspunkt (Müller 1911: 398):

Welcher Unterschied ist zwischen einem Hund und einem
Buchdrucker?
Der Buchdrucker setzt erst und druckt dann, der Hund drückt
erst und setzt dann.

Das Rätsel weist auf eine Druck-Defäkations-Gleichung hin. Eine
alternative Antwort auf die gleiche Rätselfrage (Krauss und Reiskel 1905: 45) liefert einen weiteren analen Aspekt:

> *Leckt man einen Hund im Arsch,*
> *so muß man seinen Schweif aufheben,*
> *was bei einem Buchdrucker nicht der Fall ist.*

Ein Latrinenvers, der im Sommer 1910 aufgezeichnet wurde,
macht den skatologischen Gebrauch des Wortes ‚drücken' noch
deutlicher (Schnabel 1911: 409):

> *Die Klappe auf*
> *Das Fenster zu*
> *Setz dich mit deinem Nacktarsch drauf*
> *Und drücke dann feste zu.*

Ein noch ausführlicherer Latrinenvers (Polsterer 1908: 164) bestätigt die Gleichung:

> *Hier in diesem kleinen Reich*
> *Ist Hoch und Nieder gleich*
> *Ein jeder läßt hinab die Hose*
> *Und die Keusche wie die Lose*
> *Muß, will sie ihren Zweck erfüllen,*
> *Selbst das Heiligste enthüllen.*
> *Freiheit herrscht im vollen Maße,*
> *Kein Zensor stecket seine Nase*
> *In die Arbeit und dabei*
> *Ist Satz, Druck und Presse frei.*

Der Zusammenhang zwischen Drucken und Defäkation könnte einen merkwürdigen Sachverhalt in der Medizingeschichte erklären. Eine Antwort auf die Frage: „Welches war das erste Medizinbuch?" ist: Gutenbergs *Laxierkalender* aus dem Jahre 1457. Obwohl es nur aus einem einzigen Blatt Papier besteht, ist interessant, daß die erste Sache, die Gutenberg nach der Bibel zu drucken gedachte, ein „Reinigungskalender" ist, der auf die günstigsten Zeiten und Daten zum Gebrauch von Abführmitteln hinweist. Als isoliertes Detail könnte man es für unbedeutend halten, doch im Kontext des hier herausgearbeiteten allgemeinen Musters scheint es völlig folgerichtig zu sein. (Vgl. Krotus 1970: 86.)

Karl Abraham hob in seinem wertvollen Essay über den analen Charakter das Buchdrucken nicht besonders heraus, aber er bemerkte, daß „die Freude beim Betrachten der eigenen geistigen Schöpfungen, Briefe, Manuskripte usw. oder vollständiger Arbeiten aller Art ein Vorbild in der Betrachtung der eigenen Fäkalien hat" (1953: 385). Wir haben bereits gesehen, daß Mozart dazu neigte, Schreiben mit Defäkation gleichzusetzen. Das Interesse an der Betrachtung der eigenen Ausscheidungen (oder der Ausscheidungen anderer) als Maßstab für die Gesundheit, ließe sich auf das Schreiben übertragen.

Als letzten Versuch, die Tragfähigkeit der Analyse zu demonstrieren, die ich in diesem Essay unternommen habe, möchte ich einige besondere Aspekte des Anti-Semitismus in Deutschland untersuchen. Es wäre töricht und vermessen zu glauben, daß die Analerotik der Deutschen die tiefliegenden Ursachen eines derartig komplexen Phänomens aufklären könnte, glaube ich doch, einige der anti-semitischen Praktiken in Deutschland verständlich machen zu können. Es ist nicht ungewöhnlich, daß Mitglieder der Mehrheitsgruppe in einer Gesellschaft die Minderheit als „schmutzig" ansehen. Aber, wie ich dokumentieren werde, ist das Bild der Juden in Deutschland besonders eng mit Fäkalien verbunden.

Eine alte, rassistische Tradition der Verunglimpfung beschreibt die Juden in Deutschland als „Säug"-linge einer Sau. Die sogenannte „Judensau" kann in Abbildungen bis mindestens ins vierzehnte Jahrhundert zurückverfolgt werden. Joshua Trachtenberg beobachtet in seinem Buch *The Devil and the Jews*, daß „die bekannte Figur der *Judensau,* dargestellt als Sau, die als Mutter ihre jüdische Nachkommenschaft füttert", eine der üblichsten Karikaturen der Juden im Mittelalter war (1966: 26; vgl. Fuchs 1921: 144 – 116 und Kaufmann 1890).

*Abb. 8: Magnetische Hundchen: Links die deutsche Version
(Nase im Hintern), rechts die amerikanische Version (Nase an
Nase)*

In einer umfassenden und überreichlich illustrierten Monographie, die der Judensau gewidmet ist, verfolgt Isaiah Shachar die bildhafte Vorstellung durch mehr als sechs Jahrhunderte, vom dreizehnten bis zum sechzehnten Jahrhundert in der deutschen Bildhauerei und vom fünfzehnten bis neunzehnten Jahrhundert in verschiedenen graphischen Künsten. Nach Shachar war die Judensau „in Balkenträger und Chorstühle mehrerer Kathedralen und Kirchen, sowie Strebepfeiler und Dachrinnnen von anderen geschnitzt oder gemeißelt. Sie tauchte an Toren, an öffentlichen und privaten Gebäuden auf, wurde Gegenstand eines Wandgemäldes in einer Passage eines Frankfurter Brückenturms wie auch späterer Gemälde". Shachar merkt insbesondere an, daß „die ,Judensau' von ihrem frühesten Auftreten an *auf deutschsprachige Gebiete beschränkt* war, innerhalb derer sie sich weit verbreitete und aus denen sie selten herauskam" (1974: 1; Hervorhebung von mir, A. D.). Das Bild der Judensau ist besonders im Hinblick auf die traditionelle Abneigung der Juden gegen Schweinefleisch befremdend. Doch lassen die ikonographischen ethnischen Verunglimpfungen nichts an Deutlichkeit vermissen.

Manchmal ist die Judensau beim Essen von Fäkalien abgebildet. In einem Traktat, 1541 von Luther unter dem Titel „Gegen Hanswurst" abgefaßt, spricht er in dieser Weise zu seinen Lesern: „Glaubt was ihr wollt, scheißt in eure Hosen, hängt sie euch um den Hals, macht dann einen Gallert daraus und freßt es wie die gemeinen Säue und Ärsche, die ihr seid" (1966: 187). Schweine fressen Fäkalien und es ist genau diese Gewohnheit, die erklärt, warum „Schwein" in der deutschen Umgangssprache eine solch kränkende Beleidigung darstellt: Das Objekt der Beleidigung ist ein Scheiß-Esser. In diesem Sinne ist „Schwein" ein Äquivalent zur LMIA-Beleidigung. Auch von Hunden glaubt man, daß sie Fäkalien fressen (vgl. Collofino 1939: 193), und darüberhinaus wird ihr charakteristisches Schnüffeln am Hintern eines rivalisierenden Hundes von Deutschen mit ziemlicher Sicherheit als eine Tier-Version des LMIA verstanden. Thomas Mann beschreibt 1918 in seiner Novelle *Herr und Hund* die typische Begegnung eines Hundes mit einem anderen: „So bewegt er sich zu dem Ort und vollbringt mit demütiger und unergründlicher Miene das Opfer, von dem er sehr wohl weiß, daß es immer eine gewisse Beruhigung und vorübergehende Aussöhnung mit dem anderen Hund bringt – solange auch dieser den gleichen Akt vollzieht" (Mann 1930: 83; eine Erörterung der skatologischen Anspielungen in dieser Novelle siehe bei Rollfinke 1977: 119 – 133).

Zusätzliche Hinweise zur Stützung der Ansicht, daß die Deutschen dazu neigen, die Art der Hundebegrüßung auf diese Weise zu interpretieren, gibt uns ein Scherzartikel: „Magnetische Hunde". Die Gebrauchsanweisung lautet: „Stellen Sie die Hunde auf eine glatte Fläche, so daß sie sich gegenüberstehen, entweder Kopf an Kopf oder Seite an Seite, und lassen Sie die Hunde schnell los". Einmal losgelassen, bringen die Magnete die Hunde in die stehende LMIA-Stellung. Die mögliche oikotypische Bedeutung der deutschen Version dieses Spielzeugs wird durch einen Vergleich mit der amerikanischen Version nahegelegt, bei der die Magneten die Hunde zu einer Nase-gegen-Nase-Begegnung bringen.

Zweifellos ist aus diesem Grund die Kombination von Schwein und Hund von doppelter Wirkung: Schweinehund. Das Epitheton entspricht der Verdoppelung von Scheiß-Dreck, sie äßen Fäka-

Lied der Schwaben

Kennſt Du das Land wo jeder lacht
wo man aus Weizen Spätzle macht,
wo jeder zweite Fritzle heißt,
wo man noch über Balken ſcheißt
wo jede Bank ein Bänkle iſt,
und jeder Zug ein Zü'zle,
wo man den Zwiebelkuchen frißt,
und Moſcht ſauft aus dem Krügle,
wo „daube Sau", leck mich am Arſch",
in keinem Satz darf fehlen,
wo ſich die Menſchen pauſenlos
mit ihrer Arbeit quälen,
wo jeder auf ſein Häuſle ſpart,
hat er auch nichts zu hauen,
und wenn er 40, 50 iſt,
dann fängt er an zu bauen !
Doch wenn er endlich fertig iſt,
ſchnappt ihm das Arſchloch zu !
Oh Schwabenland, gelobtes Land,
wie wunderbar biſt Du !

Schaffe, spare, Häusle baue !

Abb. 9: Das Lied der Schwaben: In Andenkenbuden und
Geschenkartikelläden finden sich häufig solche Texte, in denen
das Anale den „Humor" erst würzt

lien. Der öffentliche Gebrauch des Schwein-Hund-Epithetons
war, gemäß der 1862 in Sachsen geltenden Gesetze, unter Strafe
gestellt. Eine Person, die eine andere Person einen „Schweinehund" nannte, kostete es 7 Shilling 34 Pence, wohingegen es nie-
drigere Beträge für weniger schwerwiegende Beleidigungen gab.
Eine andere Person ein ‚Scheinhundchen' zu nennen kostete nur
5 Shilling 6 Pence" (Mayhew 1864, 2: 649).

Wenn wir zur „Judensau" zurückkehren, sollten wir sicher sein,
den Zusammenhang zu verstehen. Schweine fressen Scheiße und
Juden saugen an Schweinen. Daher nähren sich Juden indirekt

von Fäkalien. Manchmal ist die Vorstellung noch direkter. Während einige Juden saugen, sind andere hinter der Muttersau knieend abgebildet, wie sie die Fäkalien der Sau essen (Feldhaus 1921: 94; Fuchs 1921: 31; Trachtenberg 1966: 8). Ein Holzschnitt aus dem sechzehnten Jahrhundert zeigt genau eine solche Szene. Eine Textüberschrift erklärt die Handlung eindeutig: „Saug du die Milch, Friß du den Dreck, Das ist doch euer best Geschleck" (Fuchs 1921: 126).

Die Vorstellung von Juden als schmutzige Fresser von Schweinefäkalien erscheint auch in Martin Luthers haßerfülltem Traktat „Über die Juden und ihre Lügen", zuerst 1543 veröffentlicht. An einer Stelle, an der er sich direkt an die Juden wendet, sagt Luther: „Ihr seid es nicht wert, auch nur die Außenseite der Bibel zu sehen, noch viel weniger, sie zu lesen. Ihr solltet nur die Bibel lesen, die unter dem Schweineschwanz zu finden ist, und die Buchstaben, die dort herausfallen, essen und trinken" (Luther 1971: 212). Die Vorstellung vom Ausscheiden von Buchstaben existiert immer noch in der mündlichen Tradition, z. B. „rede oder kack Buchstaben", was eine rüde Mahnung an jemanden darstellt, irgendetwas, gleich was, zu sagen (Spalding 1958: 419). Das Zitat von Luther ist übrigens ein weiterer Hinweis auf die weiter oben diskutierte Drucken-Defäkations-Gleichung. Luthers Gleichsetzung von Juden mit Fäkalien erfolgt bei mehreren Gelegenheiten. In seinen *Tischgesprächen* finden wir folgende Passage (1911: 289):

Wenn wir lesen, daß sich Judas selbst erhängte, daß sein Bauch in Stücke zerbarst und seine Gedärme herausfielen, können wir dies als ein Beispiel dafür nehmen, wie es allen Feinden Christi ergehen wird. Die Juden hätten sich ein Spiegelbild von Judas machen sollen und darin erkennen können, wie sie auf die gleiche Weise vernichtet werden sollen. Hierin ist eine Allegorie oder ein Geheimnis verborgen, denn der Bauch bedeutet das ganze Königreich der Juden, das verschwinden und vernichtet werden wird, so daß nichts übrigbleiben wird. Wenn wir lesen, daß die Gedärme herausfielen, zeigt dies die Nachkommenschaft der Juden, ihr ganzes Geschlecht, das verderben und zugrunde gehen wird.

Luther meinte dies ganz ernsthaft. Seine Lösung des Judenproblems – er bezog sich auf die Juden als „eine schwere Bürde, eine Plage, eine Pestilenz, ein schieres Unglück für unser Land" (1971: 265, 275) – war deutlich genug. „Wenn wir die jüdische Blasphemie von unseren Händen waschen wollen" (man beachte die Metapher), sagte er, „und nicht ihre Schuld teilen wollen, müssen wir uns von ihnen trennen. Sie müssen aus unserem Land vertrieben werden". Herrscher, die jüdische Untertanen hatten, „müssen handeln wie ein guter Arzt, der gnadenlos nach dem Einsetzen des Wundbrandes Fleisch, Adern, Knochen und Mark schneidet, sägt und herausbrennt" (1971: 288, 292). Luther ging so weit, eine Reihe bestimmter Maßnahmen zu empfehlen (1971: 268 – 272; vgl. 285 – 286):

„Erstens, setzt die Synagogen oder Schulen in Brand und bedeckt alles, was nicht brennt, mit Dreck, so daß kein Mensch jemals wieder einen Stein oder ein Stück Holz davon sieht . . . Zweitens, ich rate dazu, ihre Häuser dem Erdboden gleichzumachen und zu zerstören . . . Drittens, ich rate, ihnen all ihre Gebetsbücher und talmudischen Schriften fortzunehmen, in denen Abgötterei, Lügen, Verfluchungen und Beleidigungen Gottes gelehrt werden . . . Viertens, ich rate dazu, ihren Rabbis hinfort das Lehren zu verbieten unter Androhung des Verlusts von Leben und Gliedmaßen . . . Fünftens, ich rate, für Juden das sichere Geleit auf den Straßen völlig abzuschaffen . . . Sechstens, ich rate, ihnen alle Wucherzinsen zu verbieten und ihnen alles Geld und Schätze von Silber und Gold fortzunehmen und sicherzustellen . . . Siebtens, ich empfehle den jungen starken Juden und Jüdinnen einen Dreschflegel, eine Axt, eine Hacke, einen Spaten, einen Spinnrocken oder eine Spindel in die Hand zu geben, auf daß sie ihr Brot im Schweiße ihres Angesichts erwerben . . ."

Schon hier, im Jahre 1543, erkennt man die Saat der Kristallnacht von 1938, als 119 Synagogen in allen Teilen Deutschlands und viele jüdische Häuser und Geschäfte niedergebrannt wurden. Sogar die Idee der Arbeits-KZs wurde von Luther bereits artikuliert.

Luthers Hinweis auf die Wucherzinsen erinnert uns an die Verfügungen, allen, außer den Juden, Zinsgeschäfte zu verbieten. Aber der in Deutschland übliche Geld-Fäkal-Symbolismus läßt keinen Zweifel an der Verstrickung der Juden in Schmutz und Dreck. Eine antisemitische Karikatur aus dem frühen neunzehnten Jahrhundert zeigt ein jüdisches Baby, das Geld in einen Topf scheißt und dabei von herumstehenden Juden bewundert wird (Fuchs 1921: 104).

Es gab noch weitere Assoziationen zwischen Juden und Dreck. Pollack (1971: 1) bemerkt, daß in einigen Fällen Juden gezwungen wurden, in weniger angenehmen Stadtteilen zu wohnen. „So lebten die portugiesischen Juden von Hamburg in der Nähe des ‚Dreckwalls', der Abfallhalde der Stadt . . . die Frankfurter Juden hatten ihre Häuser ‚nahe dem Graben' der Stadt, der als Abfallgrube benutzt wurde." Eine materielle Geographie dieser Art bestätigt eindeutig die Assoziation von Juden und Schmutz.

Wenn Juden schmutzig waren, so waren sie eine Bedrohung der Sauberkeit. Ein Sprichwort verkündet „Wer sein Haus rein halten will, der verschließt die Tür vor Juden und Huren" (Fuchs 1921: 198). Eine Lieblingsbeschuldigung der Nazis gegen oppositionelle Elemente, nicht nur gegen Juden, war, daß sie die Reinheit des Vaterlandes „beschmutzten" (Kecskemeti und Leites 1948: 257). Es gibt gute Gründe für die Annahme, daß die Verbindung von Juden mit Schmutz in der Ideologie Nazi-Deutschlands kulminierte, und schließlich in dem Ziel mündete, Deutschland *judenrein zu machen*. Schon das Wort *judenrein* impliziert die Voraussetzung – daß Juden schmutzig sind. Das fanatische Interesse an rassischer Reinheit ist zum Teil eine Verlängerung der Reaktionsbildung aus der strengen Reinlichkeitserziehung von Kleinkindern. Die Umsetzung solch einer rassischen Phantasie in grauenhafte Realität führte zum Holocaust. Der symbolhafte Beweis dieser Behauptung liegt in den von Nazis angewandten Praktiken in den Todeslagern. Juden wurden in Duschräume geschickt – warum Duschen? Gas hätte man auch auf viele andere Arten hereinführen können. Die Vermutung liegt nahe, daß es die Absicht war, Deutschland – durch die Beseitigung der Juden – „sauber" zu machen. Der Gebrauch von Öfen hat den Beigeschmack von Abfallbeseitigung.

Man sollte sich auch daran erinnern, daß die Liquidierung von Juden manchmal wörtlich zu nehmen war. (Liquidieren = wörtlich: verflüssigen). Im Anatomischen Institut in Danzig beispielsweise wurden in den Jahren 1943 und 1944 Experimente durchgeführt, deren Ziel es war, aus menschlichem Fett Seife herzustellen. Nachdem die Leichen, nackt und ohne Kopf im Institut angekommen waren, wurden sie in Metallbehältern annähernd vier Monate aufbewahrt. In den Behältern befand sich eine konservierende Mixtur, die das Abtrennen des Gewebes von den Knochen erleichtern sollte. Das Gewebe wurde dann mehrere Tage gekocht. Nach einer Aussage (International Military Tribunal 1947: 597 – 599) eines Mitarbeiters an diesen Experimenten, eines Laborassistenten des Instituts, wurde im Februar 1946 in Nürnberg festgestellt, daß man 70 bis 80 Kilogramm menschlichen Fetts von ungefähr 40 Körpern brauchte, um 25 Kilogramm Seife herzustellen. Diese Seifenstücke „aus reinem jüdischen Fett" wurden stolz an deutsche Soldaten verteilt. Ziffern auf der Seife zeigten die Erkennungszahl des Todeslagers an. In den Begriffen dieser Untersuchung scheint es sich hier um eine wahnsinnige *reductio ad absurdum* zu handeln, in welcher durch einen teuflischen Triumph der Technik „schmutziges" jüdisches Fleisch aufgelöst wurde, um es in „saubere" Seife zu verwandeln.

Es ist nicht notwendig, all die unaussprechlichen Schrecken von Auschwitz und anderen Todeslagern zu rekapitulieren, doch die verschiedenen herzzerreißenden Berichte von Überlebenden dokumentieren deutlich eine ausgeprägte anale Komponente im Leben jener Höllenlöcher. Terrence Des Pres legt uns in seinem zuerst 1976 veröffentlichten Buch *The Survivor: An Anatomy of Life in the Death Camps* ein schauerlich detailliertes Bild vor, das auf einer Untersuchung dutzender von Augenzeugenberichten basiert. In seinem dritten Kapitel, „Excremental Assault" (etwa: exkrementeller Angriff) stellt er in schockierenden Einzelheiten dar, wie Lagerinsassen durch anale Mittel ständiger Erniedrigung und Entehrung unterworfen wurden. Obwohl in Auschwitz und anderswo Schilder aufgestellt waren, die Sauberkeit geboten — typische Schilder waren: „Es gibt nur einen Weg in die Freiheit. Seine Meilensteine sind: Sauberkeit, Pünktlichkeit, Gehorsam ...", „Sei sauber", „Haltet diesen Platz sauber und ordentlich" (Kraus und Kulka 1966: 35, 45, 126) – machten es die Lageraufseher absolut unmöglich, sauber zu sein.

Für dreißig- bis zweiunddreißigtausend Frauen gab es eine Latrine, und wir durften sie nur zu bestimmten Stunden des Tages aufsuchen. Knietief in menschlichen Exkrementen standen wir in einer Reihe, um in das kleine Gebäude zu kommen. Da wir alle an der Ruhr litten, konnten wir kaum warten, bis wir an die Reihe kamen und beschmutzten unsere zerrissene Kleidung, die wir nie auszogen. Der fürchterliche Geruch, der uns wie eine Wolke umgab, trug noch zu unserem schrecklichen Dasein bei. Die Latrine bestand aus einer tiefen Grube, über die in bestimmten Abständen Planken gelegt waren. Auf diesen Planken hockten wir wie Vögel auf dem Telegraphendraht, so eng beieinander, daß wir uns gegenseitig beschmutzten. (Des Pres 1977: 58)

Der Bericht ist typisch und wird in anderen Berichten immer wieder bestätigt. „Wer Ruhr hatte, schmolz zusammen wie eine Kerze, erleichterte sich in der Kleidung und verwandelte sich schnell in ein stinkendes, widerliches Skelett, das in seinen eigenen Exkrementen starb." Einige der Patienten starben, bevor sie die Gaskammer erreichten. Viele waren über und über mit Exkrementen bedeckt, denn es gab keine sanitären Einrichtungen und sie konnten sich nicht selbst säubern. (Des Pres 1977: 59)

Der Mangel an angemessenen Einrichtungen wurde durch den Mangel an Toilettenpapier noch verschärft: „In ganz Ausschwitz gab es kein Papier ... und ich mußte mir etwas ausdenken. Ich riß ein Stück meines Schals ab und wusch ihn nach dem Gebrauch. Dieses kleine Stück behielt ich während der ganzen Zeit in Auschwitz; andere taten das Gleiche" (Des Pres 1977: 59).

Ein ergreifender Bericht aus Sachsenhausen erinnert an die Qual eines sehr kranken, 75 Jahre alten Professors der Universität Warschau. Der an schwerer Ruhr leidende alte Mann bat darum, auf die Toilette getragen und dort zum Schlafen gelassen zu werden. Eines Nachts entdeckte der Autor den Professor im Toilettenraum liegend, „sein Gesicht vollgeschmiert mit Exkrementen", seine Hände voller Schleim. Mit flüsternder Stimme fragte der Professor: „Können Sie mir ein kleines Stück Zeitungspapier leihen? Ich gebe Ihnen morgen das Doppelte zurück." Zufällig besaß der Autor eine ganze Zeitung (die er gegen eine halbe Brotration eingetauscht hatte) und reichte sie dem Professor. Der riß die erste Seite der Zeitung ab und hielt den Rest dem Autor hin. „Vielen Dank" brachte er mühsam hervor, und Tränen liefen über sein Gesicht. Der Autor sagte: „Nein, es ist alles für Sie" und nahm die Zeitung nicht zurück. Der alte Mann war zutiefst dankbar. „Ist das wirklich alles für mich . . . Ich bin so glücklich. Das werde ich nie vergessen. Wieviel Leid mir das ersparen wird! Ich kann Ihnen nicht sagen, wie froh ich jetzt bin." Der Autor bemerkt dazu: „Eine alte, schmutzige Zeitung wurde zum höchsten Glück eines Mannes, der noch vor wenigen Monaten der Stolz der polnischen Wissenschaft war und dem alle nur möglichen Ehrungen zuteil geworden waren" (Szalet 1945: 157 − 158, 211 − 213). Man weiß so etwas Einfaches wie Toilettenpapier erst zu schätzen, wenn man absolut keins hat.

Während der Nacht war es verboten oder gefährlich, die Latrine aufzusuchen, Lagerinsassen mit Durchfall waren gezwungen, ihre Suppenschüsseln oder Kaffeenäpfe zu benutzen. Dann versteckten sie die Gegenstände unter der Matratze, um Strafen zu entgehen (fünfundzwanzig Schläge auf das bloße Hinterteil oder die ganze Nacht lang auf scharfem Kies knien und dabei Ziegelsteine halten). Die Strafen (für Defäkation in das Eßgeschirr) endeten oft mit dem Tod des „Schuldigen" (Des Pres 1977: 60). Der erzwungene Gebrauch von Eßgeschirr als Toilettengegenstand war eine grausige Umsetzung der Metapher, einen Feind zu zwingen, Scheiße zu essen. Eine Anzahl von Vorkommnissen macht die Metapher verständlich: „Gerade nachdem die Männer angefangen hatten zu essen, kündigte der Aufseher plötzlich an, es sei Zeit für den Anwesenheitsappell. Er zwang die Gefangenen, die Suppe in die Toilette zu schütten, so daß die Mehrzahl hungrig blieb" (Bluhm 1948: 19 − 20). Bei anderen Gelegenheiten wurde den Männern „befohlen, aus den Toilettenschüsseln zu trinken. Die Männer brachten es nicht fertig, zu gehorchen; sie taten nur so, als ob. Doch die ‚Blockführer zwangen ihre Köpfe tief in die Schüsseln, bis sie mit Exkrementen bedeckt waren. Dabei verloren sie fast den Verstand – das war der Grund, warum sich ihre Schreie so wahnsinnig angehört hatten' " (Bluhm 1948: 16). „In Birkenau wurden die Suppenschüsseln zeitweilig eingesammelt und in die Latrine geworfen, aus der sie herausgeholt werden mußten: ‚Wenn du sie das erste Mal an die Lippen führst, riechst du nichts Verdächtiges. Andere Hände warten, zitternd vor Ungeduld, darauf, in dem Moment, in dem du aufgehört hast zu trinken, greifen sie danach. Erst später, viel später, erreicht ein widerwärtiger Geruch deine Nasenlöcher' " (Des Pres 1977: 63). Diese und andere Berichte zeigen, wie in Auschwitz Lagerinsassen gezwungen wurden, Fäkalien zu essen.

„An den ersten Tagen drehte sich unser Magen um, wenn wir daran dachten, daß wir die Dinger nachts als Nachttöpfe benutzten. Aber der Hunger treibt's rein, und wir waren so ausgehungert, daß wir bereit waren, alles zu essen. Man konnte nichts daran ändern, daß es dieselben Schüsseln waren. Wir durften nur zweimal am Tag auf die Latrine. Was sollten wir machen? Egal, wie stark unser Bedürfnis war, wenn wir mitten in der Nacht rausgegangen wären, hätten wir riskiert, von der SS geschnappt zu werden, und die hatte den Befehl, erst zu schießen und später zu fragen" (Des Pres 1977: 46).

Es wurde darauf hingewiesen, daß die Maßnahmen angewandt wurden, um die erwachsenen Lagerinsassen auf die Ebene völlig abhängiger Kleinkinder zu bringen, die noch in der Entwicklungsphase vor der Reinlichkeitserziehung sind. Bemerkenswert ist, daß nach einem Bericht die in Deutschland am häufigsten angegebenen Gründe für Kindesmißhandlungen mit der Reinlichkeitserziehung zu tun haben, und daß in mehreren Fällen Eltern, die wütend darüber waren, daß sich ihre Kleinkinder beschmutzt hatten, deren Köpfe in die Exkremente zwangen und ihnen befahlen, sie zu essen (Ende 1979 – 1980: 259 – 260). In den Lagern waren die Aufseher rigorose Eltern, in deren Macht es lag, Kindern das Aufsuchen der Toilette zu verbieten. „Die Lieblingsbeschäftigung eines Kapos war es, Gefangene kurz vor dem Erreichen der Latrine aufzuhalten. Er befahl den Lagerinsassen in Hab-acht-Stellung zum Verhör zu gehen; dann ließ er sie ‚tiefe Kniebeugen machen, bis der arme Mann seine Schließmuskeln nicht mehr kontrollieren konnte und ‚explodierte' "; dann schlug er ihn; und erst danach „wurde es dem mit seinen Exkrementen bedeckten Opfer erlaubt, sich auf die Latrine zu schleppen" (Des Pres 1977: 62 – 63). Ein Autor berichtet, wie ihm 1968 bei einem Österreichbesuch ein Schauer über den Rücken lief, als ihm ein österreichischer Bauer mittleren Alters stolz sein Album aus dem Zweiten Weltkrieg zeigte. Er prahlte mit einem Bild, das ihn in SS-Uniform dabei zeigt, wie er einen alten Rabbi dabei überwachte, der gezwungen worden war, eine Latrine zu reinigen (Schalk 1971: 138).

Viele Berichte über Auschwitz und andere Lager haben uns ein unvergeßliches Bild von den unaussprechlichen Torturen des Alltagslebens übermittelt, und Des Pres hat ganz recht, wenn er beobachtet: „Tatsache ist, daß die Gefangenen *systematisch* dem Schmutz ausgesetzt wurden. Sie waren das vorsätzliche Ziel von Fäkal-Angriffen" (1977: 63). Aber ich glaube nicht, daß er und andere Holocaust-Forscher die Verbindung zwischen diesen unglaublich brutalen Akten und dem Wesenszug des deutschen Nationalcharakters, den ich mich bemühe zu beschreiben, realisiert haben. Aus dieser Perspektive waren die Todeslager nichts als eine weitere Illustration des bedeutsamen Unterschieds zwischen denen, die auf jemanden scheißen und jenen, auf die geschissen wird. Macht gehört den Scheißern; Machtlosigkeit ist das Schicksal der Beschissenen.

Ein von C. G. Jung berichteter ungewöhnlicher Tagtraum legt die anale Natur der Aggression nahe: „Ich merkte, daß meine Gedanken zu der schönen Kathedrale zurückkehrten, die ich so liebte, und zu Gott, der auf dem Thron saß – dann verflogen meine Gedanken wieder, als ob sie einen starken Elektroschock bekommen hätten." Jung ist nicht in der Lage, den Gedanken zu Ende zu führen oder seiner Mutter zu erzählen, was ihn quält. In der dritten Nacht schließlich

„ . . . wachte ich aus dem rastlosen Schlaf auf, gerade noch rechtzeitig, mich dabei zu erwischen, daß ich wieder an die Kathedrale und an Gott gedacht hatte. Fast hatte ich den Gedan-

ken weitergeführt! Ich merkte, wie mein Widerstand schwächer wurde. Voller Angstschweiß setzte ich mich im Bett auf und schüttelte den Schlaf ab. Jetzt kommt es, jetzt wird es ernst! Ich muß nachdenken ... Ich faßte all meinen Mut zusammen, als ob ich daran war, ins Höllenfeuer zu springen, und ließ den Gedanken kommen. Vor mir sehe ich die Kathedrale, den blauen Himmel. Hoch über der Welt sitzt Gott auf seinem goldenen Thron — unter dem Thron kommt ein riesiger Haufen Kot hervor und fällt auf das glänzende neue Dach, durchbricht es und bricht die Mauern der Kathedrale auseinander ... Das war es also! Ich fühle eine riesige, eine unbeschreibliche Erleichterung." (Jung 1973: 36 – 40)

Obwohl Jung seinen Traum sicherlich nicht auf diese Weise analysiert, haben wir hier ein Beispiel einer Autoritätsfigur, die die Macht ihres Anus zur Zerstörung einsetzt.

Eine deutsche Postkarte aus dem Ersten Weltkrieg gibt uns einen weiteren Einblick in das anale Wesen der Aggression. Nicht weit von Bukarest liegt, mit dem Gesicht nach unten, eine große Frau. Ihr Hintern ist auf einer Radachse und von ihm gehen vier Projektile aus, die auf die Stadt fallen. Die Postkarte trägt die Überschrift: „Aber Bertha", was sich auf die 420 mm-Kanone bezieht, die unter dem Namen „Dicke Bertha" bekannt war (Holt 1977: 64).

Einer der häufigsten Latrinenverse bestätigt die symbolische Verbindung zwischen Artillerie und analer Aktivität. Der folgende Text wurde 1894 aus Schlesien berichtet (Luedecke 1907: 323; weitere Versionen siehe bei Gerhardt 1908: 270; Thorner 1909: 437 – 438; Ihm 1912: 498; Rühmkorf 1967: 43 – 44; Borneman 1974: 54):

Was ist der Mensch? Ein Erdenkloß,
gefärbt [oft: *gefüllt*] *mit roter Tinte;*
das Loch ist wie ein Taler groß
und vorne hängt die Flinte.

Und drunter hängt der Pulversack,
gefüllt mit zwei Patronen,

123

und hinten ist der Schießeplatz,
da donnern die Kanonen.

Es gibt, so glaube ich, einen Grund, warum gerade diese Spielart der Folkloredichtung in Deutschland so weitverbreitet ist. Es könnte sein, daß sie in knappster Form einen Teil deutscher Weltanschauung formuliert. Der Mensch wird als militärisches Gerät gesehen, der Phallus als Gewehr und der Anus als Kanone. Wir wissen, daß das deutsche Selbststereotyp seit langem eine Glorifizierung militärischen Heldentums einschließt (Dundes 1975: 37). Hier ist die ausdrückliche Bezeichnung des Anus als Angriffswaffe von besonderem Interesse.

Der Gebrauch von Fäkalien als Waffe, um Feinde in Schach zu halten, drückt sich in einem weiteren Latrinenvers deutlich aus (vgl. Krotus 1970: 18):

Auf diesem Scheißhaus sitzt ein Geist,
Der dem andern in den Hintern beißt.
Doch hat er mich noch nicht gebissen,
Denn hab ich ihm auf den Kopf geschissen.

Ein weiteres Volksgedicht (Anon. 1968: 41) empfiehlt ein ähnliches Vorgehen:

Bestrafte Hinterlist

Wenn einer wußt, wie einem ist,

Wenn einer sitzt und scheißt,
Und einer ihm voll Hinterlist
in seine Eier beißt.

Das Beste ist in diesem Fall:
Man kehr sich daran nicht,
Man kauft sich einen Löwenmut
Und scheißt ihm in's Gesicht.

Es ist ziemlich wahrscheinlich, daß das deutsche Interesse und der Sachverstand in der Militärtechnologie teilweise durch die anale Natur der Aggression inspiriert worden sind. Flugzeuge, die Bomben aus ihren Eingeweiden fallen lassen, (vgl. Markowitz 1969: 101; Sabbath und Hall 1977: 209) die Entwicklung von „Gas"-gefüllten Luftschiffen und Zeppelinen

Richard L. Rubenstein schlägt in seinem Buch *After Auschwitz* eine anale Interpretation der Todeslager vor − wenngleich auch ohne Verweis auf den deutschen Nationalcharakter (vgl. Markowitz 1969: 91). Er erinnert daran, daß die Nazis selbst sich auf Auschwitz als „anus mund", den Arsch der Welt, bezogen hätten (1966: 32). Der Psychiater Robert Jay Lifton interviewte deutsche Ärzte, die in den Todeslagern tätig waren. Einer bemerkte kalt, daß das „Leben in Auschwitz eine Routinearbeit war wie der Bau eines Abwässerprojekts'". (Anon. 1979b: 68)

Die symbolische Gleichstellung von Defäkation und Tod mag durchaus auch in anderen Kulturen präsent sein. In dieser Standard-Analogie ist die Einnahme von Nahrung mit dem Leben assoziiert, wohingegen das Endresultat, die Fäkalien, mit einer Leiche verglichen werden. Doch wie weitverbreitet diese metaphorische Gleichung auch sein mag, es gibt keinen Zweifel an ihrer überwältigenden Präsenz in der deutschen Kultur. Schopenhauer artikuliert sie in *Die Welt als Wille und Vorstellung:* „Ständige Ernährung und Erneuerung unterscheiden sich von der Erzeugung nur in geringem Maße, und nur in geringem Maße unterscheidet sich ständiges Ausscheiden vom Tod ... der Zeugungsprozeß ist eine höhere Kraft der Ernährung ... Auf der anderen Seite ist Ausscheidung, das ständige Ausatmen, Abwerfen von Materie, das Gleiche, was auf einer höheren Ebene der Tod ist." Schopenhauer geht so weit zu behaupten, daß der Prozeß der Ergänzung und des Auffüllens Teil des Lebens ist, und man nicht über die abgeworfene Materie trauern sollte. „Leichen einzubalsamieren, wäre genauso einfältig wie die sorgfältige Präservierung unserer Exkremente", schreibt er (1958: 277).

Wenn die Deutschen eine Faszination für Defäkation und Fäkalien empfinden, könnten diese auch für Tod und Leichen gelten. Günter Grass drückt diesen Gedanken in seinem Gedicht „Gereimte Exkremente" in *Der Butt* (1978: 280) aus: „Alle Gedichte, die Tod weissagen oder sich auf Tod reimen, sind Exkremente, die aus einem verstopften Körper herausgelaufen sind." Bei seinem Versuch, den Freudschen Analcharakter neu zu definieren, bestätigt Erich Fromm mit seinem Begriff der Nekrophilie (1973: 330, 366) im wesentlichen die Gleichsetzung von Fäkalien und Tod.

Die Einstellung zum Tod wäre selbstverständlich eine eigene Untersuchung wert, doch wenn Fäkalien und Leichen symbolische Äquivalente sind und wenn Juden auch als Fäkalien angesehen werden, dann ergibt es metpahorischen Sinn, wenn Juden in Todes-/Abfallbeseitigungseinrichtungen zu Leichen umgewandelt werden. Wenden wir uns in diesem Zusammenhang kurz einer Betrachtung der Person Hitlers zu.

Über Hitlers Mutter wird berichtet, sie sei „eine beispielhafte Hausfrau" gewesen, „und im Haus hätte man nie einen Fleck oder ein Stäubchen entdeckt" (Langer 1972: 149, 105). Ein Psychiater vermutet: „Von dem, was wir über die exzessive Sauberkeit und Ordentlichkeit seiner Mutter wissen, können wir annehmen, daß sie bei der Reinlichkeitserziehung ihrer Kinder ziemlich streng war." Der Psychiater, der diesen Bericht während des Krieges abfaßte, fährt fort: „Daß aus dieser Zeit eine gewisse Spannung in Hitler zurückblieb, wird durch die Häufigkeit von Mist, Schmutz und Gestank in den bildhaften Vorstellungen seiner Reden und Schriften belegt" (Langer 1972: 163). Robert G. L. Waite erörtert Hitlers Analerotik in seinem 1977 erschienenen Buch *The Psychopathic God Adolf Hitler* im Detail. „Hitler sprach häufig über Schmutz. Leute, die er nicht mochte, beschrieb er normalerweise als dreckig. Daher hatten die Lehrer, die ihm unbefriedigende Noten gaben, ,*schmutzige* Hälse und ungepflegte Bärte'; moderne Künstler saßen auf dem ,*Misthaufen* literarischen Dadaismus'; und Liberale waren ,schmutzig und verlogen' . . . Die Juden waren besonders schmutzig: ,Der Gestank dieser Kaftanträger machte mich oft krank. Dazu kam noch ihre schmutzige Kleidung . . .' ,Wenn die Juden allein auf der Welt wären, würden sie . . . in *Schmutz und Dreck* ersticken' ". Mit „Entjudung" sprach Hitler über das jüdische Volk genauso, wie man über Entlausen oder Entwanzen spricht (1977: 25). Fromm behauptet in seiner Studie über Hitler, „A clinical case of Necrophilia" (1973: 369 – 433), daß Hitler eine zwanghafte Neigung zu übermäßiger Sauberkeit hatte (1973: 405).

Ein relevantes Zitat Hitlers ist: „Und wenn er (der Jude) Schätze in seinen Händen hält, verwandeln sie sich in Schmutz und Mist" (Langer 1972: 164). So legt Hitler nahe, daß die Juden über Midas' Fähigkeit in umgekehrter Weise verfügen. (Wir erinnern uns, daß König Midas' Problem darin bestand, daß er nicht in der Lage war, etwas zu essen, da sich alles, was er berührte in Gold verwandelte). (Vgl. Aarne-Thompson-Geschichtentyp 775, *Midas' Kurzsichtiger Wunsch*.) Wenn Juden Schätze in Schmutz und Mist verwandelten, war die eindeutige Lösung die, Juden in Schmutz und Mist zu verwandeln.

Tatsächlich war Hitler selbst von der Vorstellung besessen, daß sein Körper Nahrung in Fäkalien umwandelte. Berichte bestätigen seine Angst, sein Körpergeruch könne unangenehm sein, und er war über seine Blähungen dermaßen beunruhigt, daß er riesige Mengen von „Dr. Koster's Anti-Blähungs-Pillen" einnahm, die Strychnin und Atropin enthielten (Langer 1972: 235). Dies erinnert an die Überzeugung Alfred Krupps, des Gründers der Waffen-Dynastie, seine eigenen Körpergerüche seien giftig (Manchester 1968: 48, 146). Interessanterweise glaubte Krupp auch, daß ihn der Geruch von Pferdemist inspiriere. Das ging so weit, daß sein vollkommener herrschaftlicher Wohnsitz, die Villa Hügel, so entworfen wurde, daß sein Arbeitszimmer direkt über dem Stall lag, mit Luftschächten, die es den Gerüchen ermöglichten, zu ihm aufzusteigen (Manchester 1968: 42, 110). Ein Arzt, der einmal Krupps kranken Sohn Fritz besuchte, beklagte sich tatsächlich darüber, daß das Haus wie eine Pferdelatrine roch, und Krupps Frau Bertha beklagte sich bitter über seine „fetischistische Bewunderung von Mist" (Manchester 1968: 182, 194).

Hitler war über seine Körpergerüche so besorgt, daß er seine Ernährungsweise änderte. Er war davon überzeugt, daß der Verzehr von Gemüse den Geruch seiner Blähungen verbessern würde (Waite 1977: 26). Waite teilt uns mit (1977: 149): „Er machte sich auch ziemliche Sorgen um seine Fäkalien und untersuchte sie häufig, wie seine Ärzte den U.S.-Nachrichtendienstbeamten nach dem Kriege berichteten. Um seine chronische Verstopfung zu lindern, nahm er häufig Einläufe, wobei er darauf bestand, sie sich selbst zu verabreichen. " Der Hinweis auf Verstopfung erinnert uns daran, daß auch Luther und Kant darunter gelitten haben (Erikson 1958: 176, 232; Stuckenberg 1882: 98). George Grosz, deutscher Künstler und politischer Karikaturist der 20er Jahre dieses Jahrhunderts, gab bei seinem Versuch, den Nazismus seiner Landsleute zu erklären, zu verstehen, daß die Deutschen „schnell dabei sind, sich die Krankheit der Unmenschlichkeit zuzuziehen", und erläuterte: „Ich glaube, es liegt im großen und ganzen an ihrer schlechten Verdauung. Ja, es tut mir leid, sagen zu müssen, daß ich glaube, daß Deutschland das Hauptquartier der Verstopfung ist" (Hecht 1964: 140 – 141). Ob die Verstopfung in Deutschland verbreiteter ist als anderswo oder ob sie Ursache der vermeintlichen nationalen Charakteristiken ist, bleibt offen. Von Bedeutung ist hier, daß deutsche Intellektuelle glauben, daß Verstopfung für den deutschen Charakter von Bedeutung ist. Man denkt beispielsweise an die wiederholten Feststellungen Nietzsches in *Jenseits von Gut und Böse* und *Ecce Homo,* daß „deutsche Tiefgründigkeit oft nur eine harte und träge ‚Verdauung' (ist)", oder daß der Ursprung deutschen Geistes „aus gequälten Eingeweiden kommt" (Kaufman 1968: 396; 694; 696). Eine Lieblingsanekdote Hitlers über sich selbst betrifft einen Vorfall aus seiner Schulzeit, diese Geschichte erzählte er wiederholt seinen Sekretärinnen und Freunden beim Militär. Er erinnerte sich, daß er nach seinem Examen in Steyr das einzige Mal in seinem Leben betrunken war. Als er zu seiner Unterkunft zurückkehrte, fragte ihn seine Hauswirtin, ob er sein Zeugnis erhalten hätte. Hitler durchsuchte seine Taschen. „Ich kehrte sie um. Keine Spur von meinem Zeugnis! Was war nur damit geschehen, und was sollte ich meiner Mutter zeigen", sagte er gemäß dem Bericht in Hitlers *Tischgesprächen.* Er fing an, nach möglichen Entschuldigungen zu suchen, etwa, daß ein Windzug es aus dem offenen Eisenbahnfenster geweht haben könnte. Hitlers Hauswirtin schlug vor, er solle zur Schule zurückfahren und nach einem Duplikat fragen. Sie lieh ihm sogar das Fahrgeld. Laut Hitler (1953: 160): „Der Direktor fing damit an, daß er mich ziemlich lange warten ließ. Mein Zeugnis war zur Schule zurückgebracht worden, jedoch in vier Teile zerrissen und in einem etwas schimpflichen Zustand. Es hatte den Anschein, daß ich in der Geistesabwesenheit der Trunkenheit das wertvolle Pergament mit Toilettenpapier verwechselt hatte. Ich war zerschmettert. Ich kann Ihnen nicht sagen, was mir der Direktor sagte, ich bin noch immer gedemütigt." Die Tatsache, daß Hitler diese demütigende Geschichte immer wieder erzählte, weist natürlich darauf hin, daß er Freude am Wiedererleben dieser Erfahrung hatte und, wie der Psychiater Waite bemerkt, ist diese Geschichte ein Zeichen seiner analen Fixierung (1977: 149).

Hitlers Neigung zur Selbsterniedrigung wird auch durch seine Selbsttitulierung als „Scheißkerl" deutlich, was angeblich eines seiner Lieblingsworte war (Waite 1977: 149, 449 n. 53). Diese Art von Selbstmißbilligung oder Selbsterniedrigung stünde auch vollkommen in Einklang mit seinem angeblichen Hang zur Koprolagnie. Mutmaßlich gewann er daraus Befriedigung, daß eine Frau auf sein Gesicht urinierte oder defäkierte. Während es umstritten bleibt, ob derartige Handlungen vollzogen wurden – es ist selbstverständlich außerordentlich schwer, zuverlässige Augenzeugenberichte zu erhalten – gibt es Hinweise darauf, daß solche koprophilen Akte tatsächlich vorkamen – mit seiner Nichte Geli (Angela) Raubal. (Von den sieben Frauen, die mit Hitler sexuell verkehrten, begingen sechs Selbstmord oder unternahmen ernsthafte Selbstmordversuche. Eine von ihnen war 1931 Geli Raubal.) Waite folgert, daß Hitler dieser Perversion frönte (Waite 1977: 243) und glaubt, daß die hohe Selbstmordrate unter seinen Geliebten das weitverbreitete Gerücht bestätigt (1977: 239; vgl. Langer 1972: 171).

Ob Hitler solchen sexuellen Aktivitäten frönte oder nicht, es gibt genug andere Hinweise auf seine anale Fixierung. Selbst seine ursprüngliche Berufswahl, Maler, hat möglicherweise eine Bedeutung in diesem Zusammenhang. Es gibt Hinweise, die eine mögliche Beziehung zwischen Malerei und fäkaler Neigung nahelegen. Ein Kinderreim, der aus Frankfurt berichtet wird (Alderheiden 1929: 235; Borneman 1976a: 99–100), lautet:

Maler und Lackierer
Beschisser und Beschmierer

Was mögliche Einflüsse analerotischer Faktoren auf die Nazi-Ideologie oder Ästhetik betrifft ist man auch versucht, über das Braun als Lieblingsfarbe für Kleidung und Uniformen zu spekulieren (vgl. Bosmajian 1979)[2]. Doch ist Hitlers mögliche oder wahrscheinliche anale Fixierung keine ausreichende Erklärung. Phantasien oder Alpträume eines Einzelmenschen können nicht Realität werden, bis andere in einer Kultur bereit sind, sie zu teilen. Daher geht es nicht um die Idiosynkrasien der Hitlerschen Persönlichkeit. Von Belang ist, daß Adolf Hitler, wie die Deutschen Jahrhunderte vor ihm, die Welt fäkal sah. Da Feinde Fäkalien waren, mußte man sie mittels einer sorgfältig durchdachten Säuberungsaktion eliminieren. Die kulturelle Assoziation von Juden und Fäkalien begann nicht mit Hitler. Die Judensau-Ikonographie geht weit in die Zeit vor Luther zurück. Hitler und seine Anhänger benutzten die Judensau einfach für politische Zwecke, in der Hoffnung, daß durch die rituelle Tötung von Millionen unschuldiger Sündenböcke ihre Macht gesichert sei.

Da wir uns dem Ende dieses Essays nähern, gilt es, einige Punkte festzuhalten. Ziel der vorliegenden Untersuchung war, daran möchte ich erinnern, zu prüfen, ob die Folklore einer bestimmten Gruppe den Charakter dieser Gruppe reflektiert oder nicht. Ich glaube, die Frage bejahen zu können. Die deutsche Folklore (und in diesem Fall auch die deutsche Literatur und Kultur im allgemeinen) demonstriert einen ausgeprägten Hang zum Analerotismus. Ich sage nicht, daß die Deutschen das einzige Volk auf der Erde mit einem deutlichen skatologischen Interesse sind. Man braucht nur Rabelais in Frankreich oder Jonathan Swift in England zu zitieren (vgl. Pops 1982) oder auf amerikanische Klassiker über Blähungen hinzuweisen, wie Mark Twains *1601* oder Benjamin Franklins Anregung zur Verbesserung der Blähungsgerüche durch andere Ernährungsweisen. Die Franzosen, zum Beispiel, scheinen eine Vorliebe für Blähungen zu haben, weniger für die Defäkation. Ein Großteil der Abhandlungen über Furzen wurde auf französisch abgefaßt (vgl. Collofino 1939: 106 – 108, 803, 813 – 814; sowie die *Bibliotheca Scatologica*). Außerdem gibt es noch den kuriosen Fall des Joseph Pujol, Le Petomane, der um die Jahrhundertwende auf französischen Bühnen eine ganz besondere Art von Musikaufführungen zum besten gab (Nohain und Caradec 1967; vgl. Legman 1975: 870 – 871). Doch scheint die Leichtigkeit der Blähung der französischen Kultur zu entsprechen, wie die Schwere der Fäkalien der deutschen Kultur – wenn man sich in nationalen Stereotypen ergehen will. Deshalb ist die Problematik eine Frage des *Ausmaßes*. Der anale Charakter ist sicherlich nicht auf deutsche Völker beschränkt, doch würde ich behaupten, daß er vorrangig unter deutschsprachigen Völkern zu finden ist.

Im Idealfall sollte man bei Untersuchungen über den Nationalcharakter sowohl zeigen, daß eine Nation besondere Wesenszüge aufweist als auch, daß andere Nationen diese nicht zeigen. Deshalb ist es nicht ausreichend, zweifelsfrei zu beweisen, daß die Deutschen eine Vorliebe für Fäkalien haben. Ich hätte ebenso demonstrieren müssen, daß andere Völker ein ähnliches Interesse *nicht* teilen. Um dieses korrekt durchzuführen, hätte ich ausgedehnte Forschungen in einer phantastischen Vielfalt von Kulturen betreiben müssen – auch wenn ich mich nur auf Europa beschränkt hätte.

Man kann sich nicht immer auf die publizierten Berichte verlassen, besonders wenn es sich um ein tabuisiertes Thema handelt. Es ist theoretisch möglich, daß viele Länder, etwa in Europa, die gleichen Mengen analer Redensarten aufweisen wie Deutschland, aber daß sich nur die Deutschen gewissenhaft bemüht haben, sie vom Mittelalter bis zur Gegenwart aufzuzeichnen. Es würde dann in die Irre führen, die reich dokumentierten deutschen Materialien mit den ungeschriebenen, nicht aufgezeichneten Traditionen anderer Kulturen zu vergleichen. (Jedoch bliebe immer noch die Frage, warum gerade die Deutschen beim Sammeln ihrer historischen Dokumente so fleißig und äußerst gewissenhaft waren.) Mit Sicherheit kann ich nur aus meiner Kenntnis der amerikanischen Folklore sagen, daß es in der deutschen Folklore weit mehr skatologische Elemente gibt. Ich könnte eine knappe Untersuchung zitieren, welche die Inhalte der deutschen „Frau Wirtin"-Verse mit ihrem anglo-amerikanischen Gegenstück vergleicht: dem Limerick. Die Untersuchung zeigt, daß diese Verse in den gebildeten Schichten beider Gesellschaften zirkulieren. Doch wo in den „Frau Wirtin"-Versen anal-exkretorische Motive auftauchen, die

131

bei der deutschsprachigen Intelligentsia Anklang fingen, „läßt sich eine weite Verbreitung anal-exkretorischer Motive in den unter der englischsprechenden Intelligentsia zirkulierenden Limericks nicht entdecken" (Wells 1951: 94). Es ist eine außerordentlich schwere Aufgabe, die metaphorischen Traditionen zweier verschiedener Kulturen zu vergleichen. Ein Amerikaner, der jemanden kritisiert, der viel Aufhebens von einer trivialen Angelegenheit macht, gebraucht die Metapher „einen Berg aus einem Maulwurfshügel machen", während ein Deutscher in der gleichen Situation wahrscheinlich von „aus einer Mücke einen Elefanten machen" (Spalding 1963: 624) oder „aus einem Furz einen Donnerschlag machen" (Spalding 1960: 485) sprechen würde.

Vermutlich kann jeder Leser, der mit einer nicht-deutschen Kultur vertraut ist, selbst entscheiden, ob diese andere Kultur die gleiche Leidenschaft für skatologische Anspielungen an den Tag legt wie die deutsche Kultur. Sicherlich enthalten alle Kulturen einige skatologische Elemente und Analhume wie auch jede Gesellschaft ihren Säuglingen eine Form von Reinlichkeitserziehung auferlegt und obwohl Amerikaner „shit" sagen und Franzosen „merde", findet man in beiden Kulturen nichts, was der unendlichen Vielfalt von metaphorischen analen Ausdrücken gleicht, die man in Deutschland aufzeigen kann.

Ich bezweifle sehr, daß sich Kulturen finden lassen, die sich hinsichtlich der Analität mit der deutschen Kultur messen können. In den zahllosen deutschen Sprichwörtern, Rätseln, Latrinenversen, Witzen und in der Volksdichtung können wir ein durchgängiges Muster erkennen. Es ist ein Muster, das Luthers Eingebung auf dem Abort ebenso Rechnung trägt wie Mozarts Kanons über den LMIA-Text. Es ist ein Muster, das sich in so unterschiedlichen Details reflektiert wie der deutschen Toilette, der seltsamen Figur des „Dukatenscheißers" und dem hinterlistigen Bildwerk der Judensau. Es ist ein Muster, das man überall in der deutschen Literatur findet, angefangen bei Dedekinds *Grobianus* über Grimmelshausens *Simplicius Simplicissimus* bis Bölls *Gruppenbild mit Dame* und Grass' *Der Butt*.

Was läßt sich über die Problematik des deutschen Regionalismus sagen? Dies ist eine legitime, theoretische Frage, aber ich glaube nicht, daß wirkliche regionale Unterschiede Zeugnis ablegen gegen die These, daß Analität ein kennzeichnender Wesenszug des deutschen Nationalcharakters ist. Und in der Tat bringt manche Folklore über den Regionalismus diesen Punkt weit beredsamer zum Ausdruck, als ich es kann. Ein klassisches Beispiel deutscher Latrinenverse zeigt, wie Regionalismus und Analität miteinander verbunden werden können. Die folgenden vier Verse befanden sich an der Wand einer Bahnhofstoilette, im Mai 1880 (Luedecke 1907: 318; vgl. Anon. 1908: 272−273; Ihm 1912: 496; und Collofino 1939: 546):

Ein jeder, der hier scheißen will,
muß sich ein wenig sputen,
denn die Bahn gewährt hiezu
in Gnaden 5 Minuten.
Ein Norddeutscher.

Der obiges geschrieben hat,
ist sicherlich aus Preußen,
denn wo es nichts zu fressen gibt,
da gibts auch nichts zu scheißen.
Ein Süddeutscher.

Wer Deutschlands Einheit sehen will,
braucht gar nicht viel zu wandern,
denn, wie man hier geschrieben sieht,
scheißt einer auf den andern.
Ein Österreicher.

Ob Süd-, ob Nord-, ob Österr-Deutsch
Ihr Deutschen müßt doch raufen,
drum scheiß ich euch als Streitobjekt
zur Teilung einen Haufen.
Ein Ungar.

Die angebliche Beschreibung regionaler Charakteristiken in skatologischen Begriffen scheint eine lebendige Tradition zu sein. Eine Keramikkachel, 1978 in einem kleinen Dorfladen in Münchingen (bei Stuttgart) gekauft, trägt den Titel „Lied der Schwaben" und charakterisiert die Schwaben in volkstümlichen analen Anspielungen.

Wie verhält es sich mit den deutschsprachigen Völkern außerhalb Deutschlands? Ich glaube, daß die Eigenschaft, die ich für die Deutschen beschrieben habe, in unterschiedlichem Maße für deutschsprachige Völker überhaupt zutrifft. Daher kann die skatologische Konstellation der Wesenszüge, teilweise oder ganz, für Österreicher, Schweizerdeutsche, Elsässer, Deutsch-Amerikaner und so weiter sehr wohl gelten. Man kann in gewissem Maße auch Parallelen in der holländischen Kultur erwarten und in geringerem Maße sogar in skandinavischen und anglo-amerikanischen Kulturen.

Elsässisch ist ein deutscher Dialekt, den der größere Teil, der im Gebiet des heutigen Frankreich lebenden Bevölkerung, noch heute spricht. Jean-Paul Sartre berichtet in seiner autobiographischen Erzählung *Die Wörter* von seinen elsässischen Großeltern, den Schweitzern (verwandt mit Albert Schweitzer). Er erwähnt dabei besonders, wie die Männer „sich skatologische Witze im Provinzdialekt erzählten" und wie „die Schweitzers unfeine Worte (liebten), die den Körper zwar auf sehr christliche Weise herabwürdigten, aber damit auch natürlichen Körperfunktionen ihre Zustimmung bewiesen" (1964: 11, 12). Sartre erinnerte sich ziemlich genau an seinen Großvater, der ihn auf seinen Knien reiten ließ und dabei einen Schaukelvers sang, der eindeutig analerotisch war. Sartre erwähnt auch, daß die Tischgespräche seines Großvaters denen „Luthers ähnelten ... Er berichtete vom Leben der Heiligen Marie Alacoque, die mit ihrer Zunge die Exkremente kranker Menschen aufleckte" (1964: 57, 99). Aus der Perspektive der vorliegenden Untersuchung entsprach Sartres elsässischer Großvater Charles Schweitzer damit sehr dem deutschen Nationalcharakter.

Ähnlichkeiten zwischen dem deutschem und dem schweizerdeutschem Charakter lassen sich ebenfalls entdecken. Eine psychoanalytisch orientierte Untersuchung ergab, daß sowohl im Fall der Deutschen als auch der Schweizer, die grundlegende pädagogische Absicht der Mütter in der späteren Säuglingsphase „in erster Linie darauf abgerichtet sind, das Kind dahingehend zu erziehen, daß es den gesellschaftlich erwünschten Darstellungsnormen von Ordentlichkeit und Sauberkeit entspricht". Während deutsche

Mütter dazu neigten, anal-aggressive Einstellungen zu ermutigen, unterstützten die schweizer Mütter eher anal-zurückhaltende Einstellungen. Dies wäre eine Erklärung der positiven Einstellung zu Sparsamkeit und dem hohen Ansehen des Bankwesens in der Schweiz (Parin und Parin-Matthey 1978: 108, 118n. 7). Wenn es tatsächlich so etwas wie den Nationalcharakter gibt, stellt sich die Frage, ob er über die Zeit hinweg stabil bleibt. In *Roots of German Nationalism* (Die Wurzeln des deutschen Nationalismus) behauptet Louis L. Snyder (1978: 289): „Eine der wenigen Sicherheiten bei der Untersuchung des Nationalcharakters ist das Diktum, daß der Nationalcharakter auf keinen Fall etwas Unbewegliches und Permanentes ist. Der Charakter eines Volkes reflektiert exakt die Zeit, in der es lebt, und er kann sich unter dem Einfluß der historischen Entwicklung wandeln." Snyder behauptet, daß die passiven Deutschen des achtzehnten Jahrhunderts umgeformt wurden zu Menschen des preußischen neunzehnten Jahrhunderts: „Disziplin, Gründlichkeit, Gehorsam, Pedanterie, Pünktlichkeit, die Vorliebe für Auszeichnungen und Titel, Respekt vor dem Militärischen", ein Syndrom, das zu zwei Weltkriegen beitrug. Spät im zwanzigsten Jahrhundert, meint Snyder, wurde der deutsche Nationalcharakter durch die westlichen Demokratien verändert. Während ich nicht die Möglichkeit leugne, daß sich der Nationalcharakter von einem Jahrhundert zum anderen verändern kann, möchte ich doch zu bedenken geben, daß die imponierende Menge von Hinweisen aus der Folklore und der Literatur die Ansicht stützt, daß der deutsche Nationalcharakter in Hinsicht auf Analität beständig geblieben ist. Die Vorliebe für skatologische bildhafte Vorstellungen erwies sich über die Zeit hinweg als bemerkenswert konstant.

Einige Autoren über den Nationalcharakter bleiben einer „Toilettenbrillen-Schule" der Psychologie (Platt 1961: 106) gegenüber skeptisch, aber auch diese Skeptiker können die jahrhundertelange deutsche Tradition, die Welt auch sozusagen durch diese Brille zu betrachten, nicht übersehen. Ich behaupte nicht, daß der deutsche Nationalcharakter notwendigerweise durch strenge oder frühe Reinlichkeitserziehung *verursacht* wurde. Es ist immer gefährlich, eine komplexe Erscheinung monokausal erklären zu wollen. Außerdem ist es ein Irrtum, anzunehmen, irgendein Element eines kulturellen Ganzen sei notwendigerweise wichtiger als alle anderen Elemente dieser Kultur. Im Hinblick auf die Reinlichkeitserziehung und das Wickeln möchte ich allerdings zu bedenken geben, daß sie eine strukturelle Parallele oder einen Isomorphismus zu den Charakteristiken der Erwachsenenpersönlichkeit darstellen. Die deutsche Reinlichkeitserziehung steht in Einklang mit dem Interesse der Erwachsenen an Sauberkeit und Ordnung. Reinlichkeitserziehung findet nicht in einem kulturellen Vakuum statt. Und schließlich sind es Erwachsene, die den Säuglingen ihre Reinlichkeitsvorstellungen aufbürden. Wenn man also behauptet, daß die Reinlichkeitserziehung für die Bildung der Erwachsenenpersönlichkeit von Bedeutung ist, wird die Argumentation im wesentlichen zirkulär. Erwachsene praktizieren die Reinlichkeitserziehung; Reinlichkeitserziehung beeinflußt die Erwachsenenpersönlichkeit. Der Schluß daraus wäre: Erwachsene verursachen die Erwachsenenpersönlichkeit. Kultur ist ein Ganzes, und es ist eine willkürliche Entscheidung, einen Teil des Ganzen zur Analyse herauszugreifen. Aber die Analyse eines Teils kann hilfreich bei der Analyse des Ganzen sein insoweit, als kulturelle Mikrokosmen und Makrokosmen gemeinsame strukturelle Muster aufweisen.

Der Nationalcharakter ist nicht angeboren, sondern wird durch den Kontakt mit einer Kultur erworben, in der ein Mensch seine frühesten, formativen Jahre verbringt. Da deutsche Säuglinge heute nicht mehr gewickelt werden und die Reinlichkeitserziehung nicht mehr so streng ist, ist es wahrscheinlich, daß sich der deutsche Charakter wandelt. Deutsche Leser dieses Essays könnten, falls sie von seiner Stichhaltigkeit überzeugt sind, dazu angeregt werden, ihre eigenen Einstellungen zu überprüfen. Eines der ausgesprochenen Ziele der Folklore-Forschung ist es, bewußt zu machen, was bis dahin weitgehend unbewußt war. Wenn Völker einen Nationalcharakter haben, kann es sein, daß sie sich aller Aspekte dieses Charakters bewußt sind oder auch nicht.

Abschließend möchte ich betonen, daß die dem deutschen Nationalcharakter inhärenten analen Persönlichkeitszüge an sich weder gut noch böse sind. So könnte man argumentieren, daß das Zusammentragen von Daten, ihre Untersuchung und Klassifizierung und so weiter, das *sine qua non* der Wissenschaft ist. Die Kunst der Fußnote, der Aufbau von Bibliographien, das Organisieren von Enzyklopädien, haben sicherlich ihren geachteten Platz im akademischen Leben. Doch können die gleichen Tugenden umkippen in Pedanterie und Sterilität.

Es ist eine Sache, wenn ein Fachmann für Verbrennungsöfen sagt (Small 1971: 122): „Eine neue Generation von Müllverbrennungsöfen hat Westdeutschland in der Technologie der Festmüllbeseitigung die führende Rolle gebracht"; aber es ist eine andere Sache, daß eine frühere Version dieser Technologie verfügbar gemacht wurde, einen Völkermord zu begehen, um Deutschland „judenrein" zu machen. So kann das gleiche Motiv einen Mozart-Kanon hervorbringen oder ein Auschwitz. Immanuel Kant hat möglicherweise eine der treffendsten Metaphern für diese Alternative formuliert. 1766 schrieb Kant in einer Passage von *Träume eines Geistersehers:* „Der scharfsichtige Hudibras hätte uns allein das Rätsel auflösen können, denn nach seiner Meinung: *Wenn ein hypochondrischer Wind in den Eingeweiden tobt, so kommt es darauf an, welche Richtung er nimmt, geht er abwärts, so wird daraus ein Furz, steigt er aber aufwärts, so ist es eine Erscheinung oder eine heilige Eingebung"* (Kant 1960: 959 – 960).

Fürze und inspirierte Visionen sind Teil des deutschen Nationalcharakters.

Es genügt nicht, einen Nationalcharakter zu identifizieren. Man muß ihn analysieren, um die eigene nationale oder ethnische Identität wie auch die nationale oder ethnische Identität anderer besser zu verstehen. Ohne Einsichten in fremde Psychen sind wir dazu bestimmt, weiterhin in ständiger Angst vor anderen zu leben. Wenn ich aus dieser Arbeit etwas gelernt habe, dann dies, daß die Folklore in direkter, unzensierter Weise die grundlegenden Wahrheiten eines Volkes zum Ausdruck bringt, und daß diese Wahrheiten vom Volk für das Volk gesagt werden. Nicht ich bin es, der behauptet, daß die deutsche Liebe zur Ordnung etwas mit der Liebe zu Kot zu tun hat — es ist in der Folklore enthalten. Es sind die Deutschen selbst in ihrer Folklore, die schon immer gesagt haben, daß das Leben eine Hühnerleiter ist. Und, falls die Deutschen recht haben, sollten sie auf ihre nächsten Schritte achten.

Anmerkungen

1. Im heutigen Deutschland werden Essen und Trinken häufig im Hinblick auf den Verdauungsprozeß diskutiert. Nahrung und Getränke werden typischerweise als gesund eingeschätzt, solange sie bei der schnellen Ausscheidung aus dem Darmtrakt hilfreich sind. Man glaubt, daß Getränke wie Bier, Wein und Kaffee insofern eine positive Wirkung haben, als daß sie den Darm aktivieren und dadurch ein Ausspülen oder Säubern des Systems fördern. Nahrung wird im Hinblick auf ihre Wirkung klassifiziert. Einige Nahrungsmittel verursachen „Verstopfung"; andere sind neutral, wohingegen wiederum andere „Durchfall" hervorrufen können. Allgemein glaubt man, daß alle Nahrungsmittel, die Stärke enthalten, wie etwa Nudeln, Kartoffeln und Weißbrot, zur Verstopfung führen. Wenn bei einer Mahlzeit jemand zuviel von diesen Speisen zu sich nimmt, kann es vorkommen, daß er davor gewarnt wird, am nächsten Tag unter Verstopfung zu leiden. Man glaubt, daß das Essen von Gemüse und Obst den üblen Folgen des Essens von „verdauungshemmenden" Speisen entgegenwirken kann, doch kann zuviel solcher Nahrung zu Durchfall führen. Zweifelsohne haben bestimmte Nahrungsmittel Einfluß auf den Ausscheidungszyklus. Von Bedeutung ist hier, daß es ein Bewußtsein über diese Einflüsse gibt, und daß sie ein in der deutschen Kultur übliches Thema bei Tischgesprächen sein können.

2. Ein im Jahre 1960 in West-Berlin aufgezeichneter Kinderreim (Borneman 1976a: 164; vgl. Vetten) geht auf die fäkalische Assoziation der Farbe ein:

> *Nichts ist ewig,*
> *Nichts ist groß!*
> *Auch das Braune*
> *Wird man los!*

Literatur

A

Aarne, Antti und Thompson, Stith: *The Types of Folktale.* FF Communications 184, Helsinki 1961.

Abraham, Karl: „Contributions of the Theory of Anal Charakter". *Selected Papers on Psychoanalysis,* New York 1953. Deutsch: Gesammelte Schriften in 2 Bde. Hrsg. u. eingel. von J. Cremerius, Frankfurt/Main 1982.

Adler, Alfred: „Erotische Kinderspiele". *Anthropophyteia Jahrbücher* (1911), 8.

Alderheiden, W.: „Das Frankfurter Gassenkind", in: Friedrich S. Krauss (Hrsg.): *Das Minnelied des deutschen Land- und Stadtvolkes. Beiwerke zum Studium der Anthropophyteia 9, Leipzig 1929.*

Alexander, W. M.: Johann Georg Hamann: Philosophy and Faith, Den Haag 1966.

Amrain, K.: „Deutsche sprichwörtliche Redensarten". *Anthropopyteia Jahrbücher 5,* 1908.

Anderson, Emily: *The Letters of Mozart & His Family.* 3 Bde., London 1938.

Andreas-Salomé, Lou: „‚Anal' und ‚Sexual' ", *Imago* 4, 1916.

Anon.: „Female Education in Germany", *Cornhill Magazine* 15, 1867.

Anon.: „Bahnhofabortinschriften", *Anthropophyteia Jahrbücher* 5, 1908.

– „Skatologische Inschriften", *Anthropophyteia Jahrbücher* 9, 1912.

– *Volks-Erotik,* Hanau/Main 1968.

– *Bibliotheca Scatologica.* Zentralantiquariat der Deutschen Demokratischen Republik, Leipzig 1970.

– „Wie sauber sind die Deutschen?", *Bild der Wissenschaft* 12, 1976.

– *Dir gehört der Arsch versohlt: Die erotische Freude am Popoklatschen,* Köln 1979 a.

– „Doctors of the Death Camps", *Time* 113, (25. Juni 1979), Nr. 26, 1979 b.

– „Leading from Strength", *Time* 112, (11. Juni 1979), Nr. 24, 1979 c.

Apitzsch, George: „Rätselfragen deutscher Seefahrer", *Anthropophyteia Jahrbücher 6,* 1909.

Azrin, Nathan H. und Foxx, Richard M.: *Toilet Training in Less Than A Day,* New York 1974.

B

Bailey, George: *Germans: Biography of an Obsession,* New York 1974. Deutsch: Auf der Suche nach den Deutschen, Wien-München-Zürich 1973.

Barker, Ernest: *National Character and the Factors in its Formation,* London 1948.

Bateson, Gregory: „An Analysis of the Nazi Film *Hitlerjunge Quex*", in: *The Study of Culture at a Distance,* Margaret Mead und Rhoda Métraux (Hrsg.), Chicago 1953.

Bauer, Wilhelm A. und Deutsch, Otto Erich: *Mozart: Briefe und Aufzeichnungen.* Bd. II: 1777 – 1779, Kassel 1962.

Bebel, Heinrich: *Heinrich Bebels Schwänke,* Albert Wesselski (Hrsg.), Erster Bd. München und Leipzig 1907.

Beloff, Halla: „The Structure and Origin of the Anal Character", *Genetic Psychology Monographs* 55, 1957.

Benedict, Ruth: „Child-Rearing in Certain European Countries", *American Journal of Orthopsychiatry* 19, 1949.

Berliner, Friedrich W.: „Rätselfragen aus Berlin", *Anthropophyteia Jahrbücher* 6, 1909.

Bishop, Frances V.: „The Anal Character: A Rebel in the Dissonance Family", *Journal of Personality and Social Psychology* 6, 1967.

Blinkiewicz, B.: „Erzählungen aus Russisch-Polen", *Anthropopyteia Jahrbücher* 8, 1911.

Blümml, E. K.: „Schamperlieder – Deutsche Volkslieder des 16. – 19. Jahrhunderts", *Futilates:* Beiträge zur Volkskundlichen Erotik, Bd. 1, Wien 1908 (Privatdruck).

Blumauer, Alois: *Sämtliche Werke,* Bd. 1, Wien 1884.

Boas, Franz: *Kwakiutl Culture as Reflected in Mythology.* Memoirs of the American Folklore Society 28, New York 1935.

Böll, Heinrich: *Group Portrait with Lady,* New York 1973. Deutsch: *Gruppenbild mit Dame,* Köln 1971.

Bolte, Johannes und Polivka, Georg: *Anmerkungen zu den Kinder- und Hausmärchen der Brüder Grimm,* Bd. 1, Leipzig 1913.

Borneman, Ernest: *Sex im Volksmund:* Die sexuelle Umgangssprache des deutschen Volkes, Reinbek bei Hamburg 1971.

– *Unsere Kinder im Spiegel ihrer Lieder, Reime, Verse und Rätsel. Studien zur Befreiung des Kindes,* I, Olten 1973.

– *Die Umwelt des Kindes im Spiegel seiner „verbotenen" Lieder, Reime, Verse und Rätsel. Studien zur Befreiung des Kindes,* II., Olten 1974.

– *Die Welt der Erwachsenen in den „verbotenen" Reimen deutschsprachiger Stadtkinder. Studien zur Befreiung des Kindes,* III., Olten 1976a.

– *The Psychoanalysis of Money,* New York 1976b.

Bosmajian, Hamida: *Metaphors of Evil: Contemporary German Literature and the Shadow of Nazism,* Iowa City 1979.

Bourke, John G.: *Scatologic Rites of All Nations,* Washington 1891. Deutsch: *Der Unrat in Sitte, Brauch, Glauben und Gewohnheitsrecht der Völker.* Mit einem Geleitwort von S. Freud. Beiwerke zum Studium der Anthropophyteia 6, o. J.

Brecht, Berthold: *Collected Plays.* Ralph Manheim und John Wilett (Hrsg.), Bd. 1 New York 1971.

Brenneisl, Leonard: „Abortinschriften aus der Temesvarer Kolonie", *Anthropophyteia Jahrbücher* 5, 1908.

Brewster, Paul G.: *American Nonsinging Games,* Norman 1942.

Brodersen, Arvid: „National Character: An Problem Re-Examined", *Diogenes* 20, 1957.

Brophy, Brigid: *Mozart the Dramatist,* London 1964.

Brown, Norman O.: *Life Against Death: The Psychoanalytical Meaning of History,* Middletown 1959.

Buckle, Donald: „The Instinctual Basis of Anal Erotism: A Note on the Relations Between Ethology and Psycho-Analytic Theory", *British Journal of Medical Psychology* 26, 1953.

Burke, Kenneth: „The Thinking of the Body: Comments on the Imagery of Catharsis in Literature", *Psychoanalytic Review* 50, 1963.

C

Caro Baroja, Julio: „Sobre psicologia étnica", *Revista de Dialectologia y Tradicio-nes Popolares* 7, 1951.
— *El Mito del Caracter Nacional. Meditaciones a Contrapelo,* Madrid 1970.
Centers, Richard: „The Anal Character and Social Severity in Attitudes", *Journal of Projective Techniques and Personality Assessment* 33, 1969.
Chapman, Charlotte Gower: *Milocca: A Sicilian Village,* Cambridge 1971.
Clark, Robert T., jr.: *Herder: His Life and Thought,* Berkeley und Los Angeles 1969.
Clemens, Samuel L.: *A Tramp Abroad,* Hartford 1880.
Coleridge, Samuel Taylor: *The Complete Poetical Works of Samuel Taylor Coleridge, (Hrsg.), Bd. 1, Oxford 1912.*
Collofino: *Non Olet oder Die heiteren Tischgespräche des Collofino über den Orbis Cacatus,* Köln 1939 (Privatdruck).
Coturnix: *Erbauliche Enzy-Clo-Pädie*: Kulturgeschichte eines verschwiegenen Ört-chens, Wien 1979.

D

Dennis, Wayne: „Infant Reaction to Restraint: An Evaluation of Watson's Theo-ry", *Transactions of the New York Academy of Scienes,* Series 2.2. (1940).
deMause, Lloyd: „The Evolution of Childhood", *The History of Childhood,* Lloyd deMause (Hrsg.), New York 1975. Deutsch: *Hört ihr die Kinder weinen.* Eine psychogenetische Geschichte der Kindheit, Frankfurt/Main 1977.
Des Pres, Terrence: *The Survivor: An Anatomy of Life in the Death Camps,* New York 1977.
Dicks, H. V.: „Some Psychological Studies of the German Character", *Psychologi-cal Factors of Peace and War,* T. H. Pear (Hrsg.), London 1950.
Diepgen, P.: *Das Analzäpfchen in der Geschichte der Therapie,* Stuttgart 1953.
Domhoff, G. William: „Two Luthers: The Traditional and the Heretical in Freu-dian Psychology", *Psychoanalytic Review* 57, (1970).
Duijker, H. C. J. und Fridja, N. H.: *National Character and National Stereotypes,* Amsterdam 1960.
Dundes, Alan: „Slurs International: Folk Comparisons of Ethnicity and National Character", *Southern Folklore Quarterly* 39, (1975).
Dunning, Albert: „Mozarts Kanons: Eine Studie", *Mozart-Jahrbuch* 1971 – 72. 1973.

E

Ellis, Havelock: *Studies in the Psychology of Sex,* Bd. 5, Erotic Symbolism, Phila-delphia 1920. Deutsch: *Sexual-psychologische Studien,* Leipzig-Würzburg, mehrere Auflagen.
Ende, Aurel: „Battering and Neglect: Children in Germany, 1860 – 1978", *Journal of Psychohistory* 7, (1979 – 1980).
Englisch, Paul: *Anrüchiges und Allzumenschliches: Einblick in das Kapitel PFUI,* Stuttgart 1928 a.
Englisch, Paul: *Das skatologische Element in Literatur, Kunst und Volksleben,* Stuttgart 1928 b.
Enzensberger, Christian: *Größerer Versuch über den Schmutz,* München 1968.
Ergang, Robert: *Herder and the Foundations of German Nationalism,* New York 1931.

Erikson, Erik H.: *Young Man Luther:* A Study in Psychoanalysis and History, New York 1958. Deutsch: *Der junge Mann Luther. Eine psychoanalytische und historische Studie,* Reinbek bei Hamburg 1970.

F

Farber, Maurice L.: „The Problem of National Character: A Methodological Analysis", *Journal of Psychology* 30, (1950).

Favezza, Armando R.: „A Critical Review of Studies of National Character: A Psychiatric-Anthropological Interface", *Journal of Operational Psychiatry* 6, (1974).

Feldhaus, Franz Maria: *Ka-Pi-Fu und andere verschämte Dinge,* Berlin 1921, Privatdruck.

Ferenczi, Sandor: „The Ontogenesis of the Interest in Money", *Sex in Psycho-Analysis,* New York 1956.

Flögel, Karl-Friedrich: *Geschichte des Grotesk-Komischen,* Leipzig 1862.

Förster, Hans: „Sprichwort aus Schaumburg-Lippe", *Anthropophyteia Jahrbücher* 9, (1912).

Freud, Sigmund: *The Basic Writings of Sigmund Freud,* New York 1938.

 — „Character and Anal Erotism", *Collected Papers,* Vol. 2, New York 1959. Deutsch: „Charakter und Analerotik", *Gesammelte Werke,* Bd. VII, Frankfurt/Main 1972[5].

Freud, Sigmund und Oppenheim, D. E.: *Dreams in Folklore,* New York 1958.

Freudenthal, Herbert: „Vorbemerkungen zu einer deutschen Volscharakterkunde", *Zeitschrift für Volkskunde* 52, (1955).

Friedenwald, Julius und Morrison, Samuel: „The History of the Enema with Some Notes on Related Procedures", *Bulletin of the History of Medicine* 8, (1940).

Friedman, Albert B.: „The Scatological Rites of Burglars", *Western Folklore* 27, (1968).

Fromm, Erich: *The Anatomy of Human Destructiveness,* New York 1973. Deutsch: Anatomie der menschlichen Destruktivität, Stuttgart 1974.

Fuchs, Eduard: *Die Juden in der Karikatur:* Ein Beitrag zur Kulturgeschichte, München 1921.

Fuchs, Toni: *Die Reinlichkeitserzeihung im Kanton Appenzell-Innerrhoden,* Zürich 1969.

G

Gennep, Arnold von: *Traité comparatif des Nationalités,* I. Les Éléments Extériers de la Nationalité, Paris 1922.

Gerhardt, F. von: „Breslauer Abortinschriften", *Anthropophyteia* Jahrbücher 5, (1908).

Gilbert, G. M. : *Nuremberg Diary,* New York 1947. Deutsch. Nürnberger Tagebuch, Frankfurt/Main 1962.

Ginsberg, M.: „National Character", *British Journal of Psychology* 32, (1942).

 — „German Views of German Mentality", *Essays in Sociology and Social Philo-sophy,* Vol. 2, Reason and Unreason in Society, New York 1960.

Godelück, William: „Erotische und skatologische Kinder- und Jugendreime", *Anthropophyteia Jahrbücher* 3, (1906a).

 — „Sprichwörter und sprichwörtliche Redensarten aus dem Elsass", *Anthropophyteia Jahrbücher* 3, (1906b).

Goethe, Johann Wolfgang von: *Faust.* Carlyle F. Mac Intyre, Übers., Norfolk 1941.
- Goethe's Autobiography: *Poetry and Truth from My Own Life.* R. O. Moon, Übers., Washington 1949.
- Goethe-Werke in 6 Bde., Bd. 1, *Gedichte,* München 1973.
- *Italian Journey,* New York 1962.
- „Hanswursts Hochzeit oder Der Lauf der Welt: Ein mikrokosmisches Drama", *Poetische Werke,* Berliner Ausgabe 5, Berlin 1964.
- *Götz von Berlichingen,* New York 1965.
- *Aus meinem Leben, Dichtung und Wahrheit,* Berlin 1970.
Gorer, Geoffrey: „Development of the Swaddling Hypotheses", Geoffrey Gorer und John Rickman: *The People of Great Russia:* A Psychological Study, London 1949.
Grass, Günter: *The Tin Drum,* New York 1962. Deutsch: *Die Blechtrommel,* mehrere Aufl.
- *The Flounder,* New York 1978. Deutsch: *Der Butt,* Darmstadt Neuwied 1977.
Greenacre, Phyllis: „Infant Reactions to Restraint: Problems in the Fate of Infantile Aggression", *American Journal of Orthopsychiatry* 14, (1944).
Grimmelshausen, Christoffel von: *Simplicius Simplicissimus,* London 1964.
Grinstein, Alexander: *On Sigmund Freud's Dreams,* Detroit 1968.

H

Hand, Wayland D.: „Padepissers and Wekschissers: A Folk Medical Inquiry into the Cause of Styes". Kenneth S. Goldstein und Neil v. Rosenberg (Hrsg.): *Folklore Studies on Honour of Herbert Halpert,* St. Johns/Newfoundland 1980.
Hašek, Jaroslav: *The Good Soldier: Švejk,* New York 1974.
Hayman, John G.: „Notions on National Characters in the Eighteenth Century", *Huntingdon Library Quarterly* 35, (1971 – 1972).
Hecht, Ben: *Letters from Bohemia,* Garden City 1964.
Heimann, Paula: „Notes on the Anal Stage", *International Journal of Psycho-Analysis* 43, (1962).
Heimpel, J.: „Das Lied von der Reinlichkeit", *Anthropophyteia Jahrbücher* 2, (1905).
Hellwig, Albert: „Der grumus merdae der Einbrecher", *Anthropophyteia Jahrbücher* 2, (1905).
Helm, Charles: „The German Concept of Order: The Social and Physical Setting", *Journal of Popular Culture* 13, (1979).
Hermand, Jost: *Stänker und Weismacher: Zur Dialektik eines Affekts,* Texte Metzler 18, Stuttgart 1971.
Hertz, Friedrich: „Die allgemeinen Theorien vom Nationalcharakter", *Archiv für Sozialwissenschaft und Sozialpolitik* 54, (1925).
Hildesheimer, Wolfgang: *Mozart,* Frankfurt/Main 1977.
Hill, A. B.: „Methodological Problems in the Use of Factor Analysis: A Critical Review of the Experimental Evidence for the Anal Character", *British Journal of Medical Psychology* 49, (1976).
Himmlisch, Wetti: *Leben, Meinungen und Wirken,* Leipzig 1907.
Hitler, Adolf: *Hitler's Secret Conversations 1941 – 1944,* New York 1953.

143

Hoffmann-Krayer, E. und Bächthold-Stäubli, Hanns (Hrsg.): *Handwörterbuch des deutschen Aberglaubens.* 10 Bde., Berlin und Leipzig 1927 – 1942.

Hofstätter, Peter R.: „Was Deutsche für ‚Deutsch' halten", *Eckart-Jahrbuch* 1966/67.

Holt, Tonie und Holt, Valmai: *Till the Boys Come Home: The Picture Postcards of the First World War,* Newton Square, Pa. 1977.

Hudson, Charles und Phillios, Helen: „Rousseau and the Disappearance of Swaddling among Western Europeans", *Essays on Medical Anthropology,* Thomas Weaver (Hrsg.), Athens 1968.

Hume, David: „Of National Characters", *Essays: Moral, Political and Literary,* Vol. 1, London 1882.

Huschka, Mabel: „The Child's Response to Coercive Bowel Training", *Psychosomatic Medicine* 4, (1942).

I

Ihm, H. „Skatologisches aus der Maingegend", *Anthropophyteia Jahrbücher* 9, (1912).

Inkeles, Alex und Kevinson, Daniel J.: „National Character: The Study of Modal Personality and Sociocultural Systems", *The Handbook of Social Psychology,* Gardner Lindzey und Elliot Aronson (Hrsg.), 2. Aufl., Bd. 4, Reading, Mass. 1969.

International Military Tribunal: *Trial of the Major War Criminals,* Vol. 7, Offizieller Text in englischer Sprache. Proceedings 5. Feb. 1946 – 19. Feb. 1946. Nürnberg.

J

Jeep, Ernst „Eulenspiegel", Thomas Murner, *Die Gäuchmatt,* Wilhelm Uhl (Hrsg.), Leipzig 1896.

Jones, Ernest: „Anal-Erotic Character Traits", *Papers on Psychoanalysis,* Boston 1961.

Jong, Erica: *Fear of Flying,* New York 1974. Deutsch: Angst vorm Fliegen, Frankfurt/Main 1976.

Jung, C. G.: *Memories, Dreams, Reflections,* New York 1973.

Jurreit, Marielouise: „Alles über Scheiße", *Twen* (Dezember 1969).

K

Kahl, Inge und Ehler, E.: „Einläufe und Zäpfchen aus dem beginnenden 18.Jahrhundert in heutiger Sicht", *Pharmazeutische Praxis* 11, (1970).

Kahler, Erich: *The Germans,* Princeton 1974.

Kamenetsky, Christa: „Folklore as a Political Tool in Nazi Germany", *Journal of American Folklore* 85, (1972).

– „Folktale and Ideology in the Third Reich", *Journal of American Folklore* 85, (1972).

Kant, Immanuel: *Anthropologie in pragmatischer Hinsicht,* Leipzig 1880.

– *Werke in sechs Bänden,* Bd. 1, Wiesbaden 1960.

Kaufmann, David: „La Truie de Wittenberg", *Revue des Études Juives* 20, (1890).

Kaufman, Walter (Hrsg.): *Basic Writings of Nietzsche,* New York 1968.

Kecskemeti, Paul und Leites, Nathan: „Some Psychological Hypotheses on Nazi Germany", *Journal of Social Psychologie* 26, 27, 28, (1947 – 1948).

Kind, Alfred: *Die kallipygischen Reize.* Alfred Kind und Kurt Moreck, *Gefilde der Lust,* Wien 1950.

Kira, Alexander: *The Bathroom,* New York 1976.

Kline, Paul: *Fact and Fantasy in Freudian Theory,* London 1972.

Klingener, Erich: *Luther und der deutsche Volksaberglaube,* Berlin 1912.

Kluckhohn, Clyde: *Culture and Behavior: The Collected Essays of Clyde Kluckhohn,* Richard Kluckhohn (Hrsg.), New York 1962.

Kraus, Ota und Kulka, Erich: *The Death Factory: Document on Auschwitz,* Oxford 1966.

Krauss, Friedrich S. und Reiskel, Karl: „Rätsel und Rätselfragen niederösterreichischer Stadtleute", *Anthropophyteia Jahrbücher* 2, (1905).

Kriegk, Georg Ludwig: *Schriften zur allgemeinen Erdkunde,* Leipzig 1840.

Krotus, Michael: *Klappentexte: Materialien zur Psychologie der Dichtung,* Freiburg 1970.

Kubie, Lawrence S.: „The Fantasy of Dirt", *Psychoanalytic Quarterly* 6, (1937).

Kuehnelt-Leddihn, Erik von: „Réflexions sur le charactère national autrichien", *Revue de Psychologie des Peuples* 5, (1950).

Kühlewein, Hermann: „Erotische Kinderreime aus Groß-Frankfurt", *Anthropophyteia Jahrbücher* 6, (1909).

Kühlewein H., Koštiál, Joh. und Kaufmann, Lebrecht: „Die Erotik in der Lateinschule", *Anthropophyteia Jahrbücher* 7, (1910).

L

La Barre, Weston:„Some Observations on Character Structure in the Orient: The Japanese", *Psychiatry* 8, (1945).

Landauer, Karl: „Some Remarks on the Formation of the Anal-Erotic Character", *International Journal of Psycho-Analysis* 20, (1939).

Langer, Walter C.: *The Mind of Adolf Hitler: The Secret Wartime Report,* New York 1972. Deutsch: *Das Adolf-Hitler-Psychogramm.* Vorwort von Friedrich Hacker. Wien München Zürich 1973.

Laporte, Dominique: *Histoire de la Merde (Prologue),* Paris 1978.

Legman, G.: *Rationale of the Dirty Joke: An Analysis of Sexual Humor,* New York 1968. Deutsch: *Der unanständige Witz.* Vorwort von H. Giese. Hamburg 1970.

– *No Laughing Matter: Rationale of the Dirty Joke, Second Series,* Wharton, New Jersey 1975.

Leonhard, W.: „Die beiden ältesten Skatologica der deutschen Literatur", *Anthropophyteia Jahrbücher* 8, (1911).

Lewin, Kurt: „Some Social-Psychological Differences Between the United States and Germany", *Character and Personality* 4, (1936).

Lewis, Beth Irwin: *George Grosz: Art and Politics in the* Weimar Republic, Madison 1971.

Lichtenberg, Georg Christoph: *Selected Writings.* F. H. Mautner und H. Hatfield (Hrsg.), New York 1959.

Lieberman, William: „The Enema: Some Historical Notes", *Review of Gastroenterology* 12, (1946).

Limbach, Alfred: *Der Furz,* Köln 1980.

Lind, Jakov: *Counting My Steps. An Autobiography,* London 1969. Deutsch: *Selbstporträt,* Frankfurt/Main 1970.

145

Lowie, Robert H.: *The German People. A Social Portrait to 1914*, New York 1945.
 – *Toward Understanding Germany*, Chicago 1954.
Ludwig, Emil: „The German Mind", *Atlantic Monthly* 116, (1938).
Luedecke, Hugo E.: „Grundlagen der Skatologie", *Anthropophyteia Jahrbücher* 4, (1907).
 – „Mitteldeutsche erotische Volksrätsel", *Anthropophyteia Jahrbücher* 5, (1908)
 – „Skatologische Inschriften", *Anthropophyteia Jahrbücher* 9, (1912).
Luther, Martin: *The Table Talk of Martin Luther*. William Hazlitt (Hrsg.), London 1911.
 – „Against Hanswurst", *Luther's Works*, Vol. 41, Church and Ministry, III., Philadelphia 1966.
 – „On the Jews and Their Lies", *Luther's Works*, Vol. 47, The Christian in Society, IV., Philadelphia 1971.
Lynn, R.: *Personality and National Character*, Oxford 1971.

M

Maas, Walther: „Nationalcharakterstudien", *Ostdeutsche Wissenschaft* 7, (1960).
Manchester, William: *The Arms of Krupp*, Boston 1968.
Mann, Thomas: *A Man and his Dog*, New York 1930. Deutsch: *Herr und Hund*, Frankfurt/Main 1955.
 – „Germany and the Germans", *Yale Review* 35, (1946).
Markowitz, Joel: *The Psychodynamic Evolution of Groups*. New York 1969.
Martindale, Don (Hrsg.): *National Character in the Perspective of the Social Sciences, Annals of the American Academy of Political and Social Science* 370, (1967).
Masur, Gerhard: „Der nationale Charakter als Problem der deutschen Geschichte", *Historische Zeitschrift* 221, (1975).
Mayhew, Henry: *German Life and Manners as Seen in Saxony at the Present Day*, 2 Bde., London 1864.
Mead, Margaret: „Study of National Character", *The Policy Sciences: Recent Developments in Scope and Method*. Daniel Lerner und Harold D. Laswell (Hrsg.), Stanford 1951.
 – „The Swaddling Hypotheses: Its Reception", *American Anthropologist* 56, (1954).
Menninger, William C.: „Characterologie and Symptomatic Expressions Related to the Anal Phase of Psychosexual Development" *Psychoanalytic Quarterly* 12, (1943).
Merrill, Bruce R.: „Childhood Attitudes Toward Flatulence and Their Possible Relation to Adult Character", *Psychoanalytic Quarterly* 20, (1951).
Metraux, Rhoda: „Parents and Children: An Analysis of Contemporary German Child-Care and Youth-Guidance Literature", *Childhood in Contemporary Cultures*, Margaret Mead and Martha Wolfenstein (Hrsg.), Chicago 1955.
Meyer, Richard M.: „German Character as Reflected in the National Life and Literature", *Internation Journal of Ethics* 3, (1892 – 1893).
Mieder, Wolfgang: „Das Wort ‚Shit' und seine Lexikographische Erfassung", *Sprachspiegel* 34, (1978).
Montague, J. F.: „History and Appraisal of the Enema", *Medical Record* 139, (1934).

Montaigne, Michel Eyquem de: *The Essays of Montaigne*, 2 Bde., London 1927.

Moog, Willy: „Kants völkerpsychologische Beobachtungen über die Charaktere der europäischen Nationen", *Vierteljahresschrift für wissenschaftliche Philosophie und Soziologie* 40, (1916).

More, Thomas: *The Complete Works of St. Thomas More*, Vol. 5, Responsio ad Lutherum, Teil 1, John M. Headley (Hrsg.), New Haven 1969.

Müller, Carl: „Beiträge zur Skatologie", *Anthropophyteia Jahrbücher* 8, (1911).

Müller-Freienfels, Richard: *The German: His Psychology and Culture:* An Inquiry into Folk Character, Los Angeles 1936. Deutsch: *Psychologie des deutschen Menschen und seiner Kultur,* o. O., o. J.

Müllerheim, Robert: *Die Wochenstube in der Kunst*, Stuttgart 1904.

N

Nett, Emily M.: „An Evaluation of the National Character Concept in Sociological Theory", *Social Forces* 36, (1958).

Nohain, Jean und Caradec, F.: *Le Petomane, 1857–1945,* Los Angeles 1967.

Nurge, Ethel: „Some Depictions of German Cultural Character", *The New Ethnicitiy:* Perspectives from Ethnology, John W. Bennett (Hrsg.), St. Paul 1975.

– *Blue Light in the Village: Daily Life in a German Village in 1965–66,* Ann Arbor, University Microfilms International 1977.

O

Oppenheimer, Paul (Hrsg.): *A Pleasant Vintage of Till Eulenspiegel*, Middletown 1972.

Ouelette, William: *Fantasy Postcards*, Garden City 1975.

P

Parin, Paul und Parin-Matthey, Goldy: „The Swiss and Southern German Lower-Middle Class: An Ethno-psychoanalytic Study", *Journal of Psychological Anthropology* 1, (1978).

Pfleiderer, Otto: *„The National Traits of the Germans as Seen in Their Religion",* International Journal of Ethics 3, 1892–1893).

Platt, Washington: *National Character in Action – Intelligence Factors in Foreign Relations,* New Brunswick 1961.

Pollack, Hermann: *Jewish Folkways in Germanic Lands (1648–1806):* Studies in Aspects of Daily Life, Cambridge 1971.

Polsterer, Josef: „Militaria", *Futilates* 4, (1908).

Pos, Martin: „The Metamorphosis of Shit", *Salmagundi* Nr. 56, (1982).

Praetorius, Numa: „Inschriften aus den Aborten eines süddeutschen Universitätsgebäudes", *Anthropophyteia Jahrbücher* 8, (1911).

Prugh, Dane G.: „Childhood Experience and Colonic Disorder", *Annuals of the New York Acedemy of Sciences* 58, (1954).

R

Reid, T. B. W.: „The Dirty End of the Stick", *Revue de Linguistique Romane* 32, (1967).

Reik, Theodor: *The Unknown Murderer*, New York 1949. Deutsch: *Der unbekannte Mörder,* Hamburg 1978.

147

Remarque, Erich Maria: *All Quiet on the Western Front,* New York 1958. Deutsch: *Im Westen nichts Neues,* Frankfurt/Main 1965.

Roberts, Warren E.: *The Tale of the Kind and Unkind Girls,* Berlin 1958.

Röhrich, Lutz: *Erzählungen des späten Mittelalters und ihr Weiterleben in Literatur und Volksdichtung bis zur Gegenwart,* 2 Bde., Bern und München 1967.

Rollfinke, Dieter Jürgen: „Menschliche Kunst: A Study of Scatology in Modern German Literature", Doctoral Dissertation, Johns Hopkins University.

Ross, W. Donald, Hirt, Michael und Kurtz, Richard: „The Fantasy of Dirt and Attitudes Toward Body Products", *Journal of Nervous and Mental Disease* 146, (1968).

Rousseau, J. J.: *Rousseau's Émile or Treatise on Education,* William H. Payne (Übers.), London 1906.

Rühl, Ernst: *Grobianus in England.* Palaestra 38, Berlin 1904.

Rühmkorf, Peter: *Über das Volksvermögen:* Exkurse in den literarischen Abgrund, Reinbek b. Hamburg 1967.

– *Die Jahre die ihr kennt,* Abfälle und Erinnerungen, Reinbek b. Hamburg 1972.

S

Sabbath, Dan und Hall, Mandel: *End Product: The First Taboo,* New York 1977.

Sartre, Jean-Paul: *The Words,* New York 1964. Deutsch: *Die Wörter,* Frankfurt/Main 1980

Schalk, Adolph: *The Germans,* Englewood Cliffs 1971.

Scheidemann, Philipp: *Memoiren eines Sozialdemokraten,* 1. Bd., Dresden 1918.

Schenk, Dr.: „Skatologische Inschriften", *Anthropophyteia Jahrbücher 9,* (1912.

Schertel, A.: „Eine kleine Historie des Purgierens", *Therapie der Gegenwart* 115, (1976).

Schertel, Ernst: *Der Flagellantismus als literarisches Motiv:* Eine literaturgeschichtlich-psychologische Untersuchung, 4 Bde., Leipzig 1929 – 1932.

– *Der Erotische Komplex,* Bd. 1, *Gesäß-Erotik,* Berlin 1932 a.

– *Der Erotische Komplex,* Bd. 2, *Der Komplex der Flagellomanie,* Berlin 1932 b.

Schlichtegroll, Carl Felix von: „Onomastikon norddeutscher, das Sexualleben betreffender Ausdrücke", *Anthropophyteia Jahrbücher* 6, (1909).

Schnabel, Friedrich Erich: „Lieder gesammelt in Westfalen", *Das Geschlechtsleben des deutschen Volkes,* Friedrich S. Krauss (Hrsg.), Hanau 1970.

Schopenhauer, Arthur: *The World as Will and Representation,* E. F. J. Payne (Übers.), Bd. 1, Indian Hills, Colorado 1958. Deutsch: *Die Welt als Wille und Vorstellung.*

Schramm, Heinz-Eugen: *L. m. i. A.:* Des Ritters Götz von Berlichingen denkwürdige Fensterrede, Gerlingen 1967.

Schütz, E.: „Volkstümliches", *Alemannia* 4, (1877).

Schweigmann, Braunhard: „Die Poesie der Imponderabilien", *Das Geschlechtsle ben des deutschen Volkes,* Friedrich S. Krauss (Hrsg.), Hanau 1970.

Sebald, Hans: „Studying National Character Through Comparative Conten Analysis", *Social Forces* 40, (1961).

Shachar, Isaiah: *The Judensau:* A Medieval Anti-Jewish Motif and Its History, London 1974.

Sidgwick, Mrs. Alfred: *Home Life in Germany,* New York 1912.

Small, William E.: *Third Pollution:* The National Problem of Solid Waste Disposal, New York 1971.

Snyder, Louis L.: *Roots of German Nationalism,* Bloomington, Indiana 1978.

Spalding, Keith: *An Historical Dictionary of German Figurative Usage,* Oxford 1952 – 1981.

Spalding, K. „A Note on German ‚Dreck am Stecken' ", *Archivum Linguisticum* 10, (1958).

Spencer, Robert F.: „The German Paradox", *Journal of the Minnesota Academy of Science* 32, (1965).

Spindler, George D.: *Burgbach:* Urbanization and Identity in a German Village, New York 1973.

Stein, Howard F.: „The Slovak-American ‚Swaddling Ethos': Homeostat for Family Dynamics and Cultural Continuity", *Family Process* 17, (1978).

Storck, Karl: „Spruchgedichte und Volksbräuche aus der Vorderschweiz", *Zeitschrift des Vereins für Volkskunde* 5, (1895).

Stuckenberg, J. H. W.: *The Life of Immanuel Kant,* London 1882.

Sydow, C. W. von: *Selected Papers on Folklore,* Laurits Bødker (Hrsg.), Kopenhagen 1948.

Szalet, Leon: *Experiment „E":* A Report from an Extermination Laboratory, New York 1945.

T

Tacitus: *The Agricola and the Germania,* New York 1970.

Taylor, Archer: „Locutions for ‚Never' ", *Romance Philology* 2, (1949).

Terhune, Kenneth W.: „From National Character to National Behavior: A Reformulation", *Journal of Conflict Resolution* 14, (1970).

Thiele, Ernst: *Luthers Sprichwörtersammlung,* Weimar 1900.

Thompson, Stith: *Motif-Index of Folk Literature,* 6 Bde., Bloomington, Indiana 1955 – 1958.

Thorner, M.: „Norddeutsche Abortinschriften", *Anthropophyteia Jahrbücher* 6, (1909).

Trachtenberg, Joshua: *The Devil and the Jews: The Medieval Conception of the Jew and its Relation to Modern Antisemitism,* New york 1966.

Twain, Mark (Clemens, Samuel L.): *A Tramp Abroad,* Hartford 1880. Deutsch: Ein Bummel durch Europa, Frankfurt/Berlin 1969.

V

Vetten, Horst: „Die Geschichte des Klo", *Stern* 47, 48, 49, 50 (1979).
 – *Über das Klo: Ein Thema, auf das jeder täglich kommt,* Frankfurt/Berlin/Wien 1983.

Vorberg, Gaston: „Martin Luthers skatologische Ausdruckweise und ihre Beziehungen zur Persönlichkeit", *Fortschritte der Sexualwissenschaft und Psychoanalyse* 2, (1926).

W

Wackernagel, Wilhelm: „Die Spottnamen der Völker", *Zeitschrift für deutsches Alterthum* 6, (1848).

Wähler, Martin: „Die Aufgabe der Volkskunde bei der Erforschung des Volkscharakters der europäischen Völker", *Zeitschrift für Volkskunde* 48, (1939).

Wagner, Richard: *The Diary of Richard Wagner 1865 – 1882, The Brown Book,* London 1980.

Waite, Robert G. L.: *The Psychopathic God: Adolf Hitler,* New York 1977.

Waldheim, Dr. von: „Abtritt Inschriften aus Langenau in Schlesien", *Anthropophyteia Jahrbücher* 6, (1909).

– „Abtrittverse und Sprüche aus Preußisch-Schlesien", *Anthropophyteia Jahrbücher* 7, (1910).

Wander, Karl Friedrich Wilhelm (Hrsg.): *Deutsches Sprichwörter-Lexikon,* 5 Bde., Darmstadt 1964.

Warren, Richard L.: *Education in Rebhausen: A German Village,* New York 1967.

Wegeli, Jean: „Das Gesäß im Völkergedanken: Ein Betrag zur Gluteralerotik", *Anthropophyteia Jahrbücher* 9, (1912).

Weibel, Peter: *Wien: Bildkompendium Wiener Aktionismus und Film,* Frankfurt/Main 1970.

Wells, F. L.: „Frau Wirtin and Associates: A Note on Alien Corn", *American Imago* 8, (1951).

Whiting, John W. M. und Child, Irvin L.: *Child Training and Personality: A Cross-Cultural Study,* New Haven 1953.

Wiesbrock, Heinz: „Über Ethnocharakterologie: Wesen, Forschungsprogramm, Methodik", *Kölner Zeitschrift für Soziologie und Sozialpsychologie* 9, (1957).

Wisdom, J. O.: „What is the Explanatory Theory of Obsessional Neurosis?", *British Journal of Medical Psychology* 39, (1966).

Witte, W.: „The Literary Uses of Obscenity", *German Life and Letters* 28, (1975).

Wittenwiler, Heinrich: *Wittenwiler's Ring and the Anonymous Scots Poem Colkelbie Sow: Two Comic-Didactic Works from the Fifteenth Century,* George Fenwick Jones (Übers.), University of North Carolina Studies in Germanic Languages and Literatures 18, Chapel Hill 1956. Deutsch: Wittenweiler, Heinrich: *Der Ring.* Ludwig Bechstein (Hrsg.), Amsterdam 1968.

Wolff, J.: „Rilke's Use of the Word ‚Rein'", *German Life and Letters* 24, (1970 – 1971).

Wundt, Wilhelm: *Die Nationen und ihre Philosophie,* Leipzig 1918.

Wyatt, Frederick und Teuber, Hans Lukas: „German Psychology under the Nazi System: 1933 – 1940", *Psychological Review* 51, (1944).

Z

Zglinicki, Friedrich von: *Kallipygos und Äskulap:* Das Klistier in der Geschichte der Medizin, Kunst und Literatur, Baden-Baden 1972.

Zintl, Josef: „Prosodic Influences on the Meaning of ‚Leck mich am Arsch' in Bavarian", *Maledicta* 4, (1980).

Index

Bildquellen

S. 28: Stern
S. 30: B. Meiner
S. 36: Gene Prince
S. 52: Department of Rare Books and Special Collections, Firestone Library, Princeton University
S. 106: Warburg Institute, University of London
S. 112: Gene Prince
S. 114: Dr. Henry Gibbons, III.